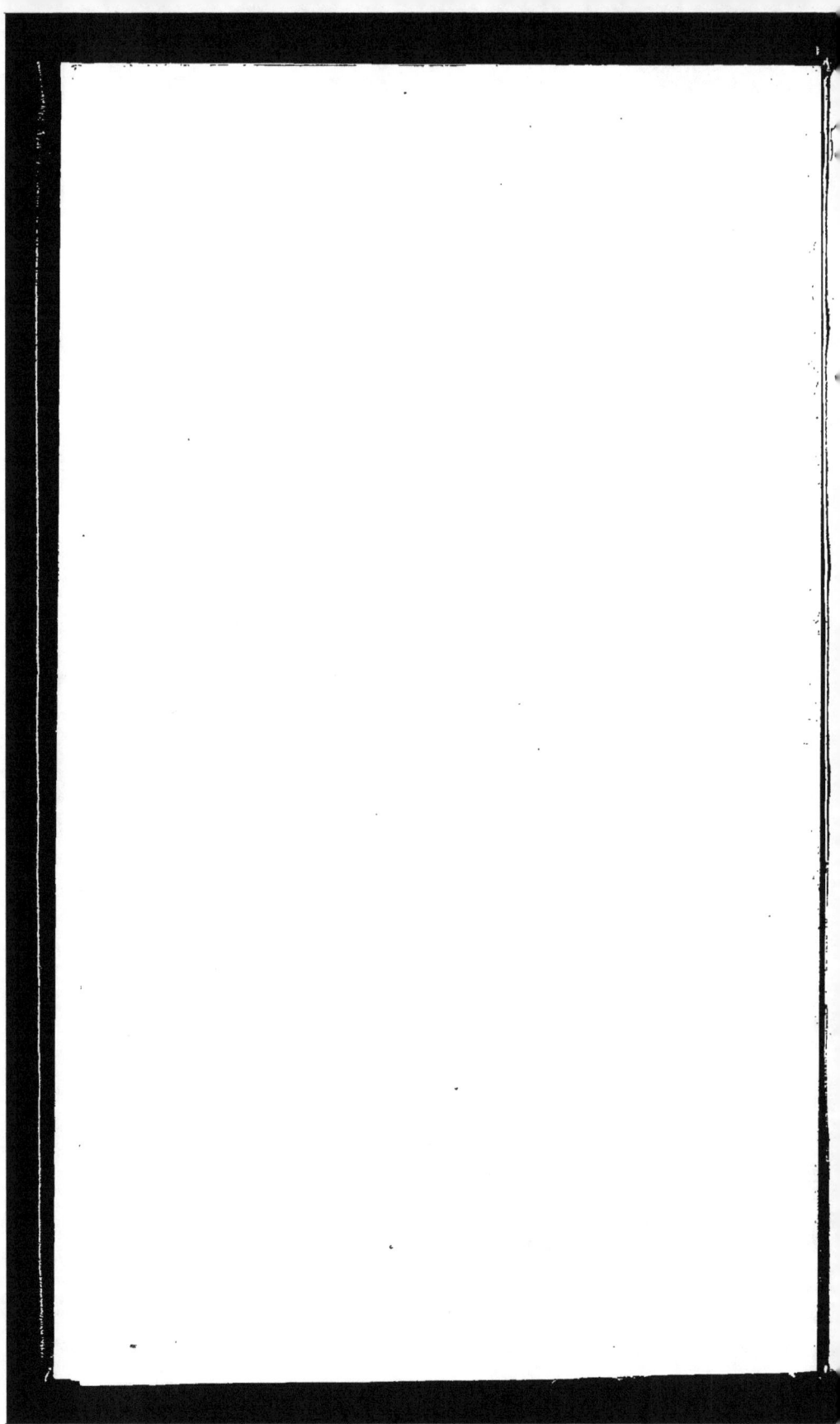

LETTRES DV

IAPPON, DE L'AN M. D.
LXXX. ENVOYEES PAR LES
preſtres de la Compagnie de Ieſus,
vacans à la conuerſion des infideles
audit lieu.

*Coppie d'vne lettre du pere Louys Froës, eſcrite aux
peres & freres de la Compagnie de Ieſus
du 6. Iuing.* 1577.

A PARIS,
Chez Thomas Brumen, demeurant au clos
Bruneau, à l'enſeigne de l'Oliuier.

M. D. LXXX.

AVEC PRIVILEGE.

O²
O

76

ET FOLIVM · EIVS NON DEFLVET ·

A MONSEIGNEVR L'ILLV-
STRISSIME CARDINAL DE
Bourbon.

ONSEIGNEVR *ayãs receu quelques nouueaux aduis du progrez & aduan-cement de la foy Catholicque, és pays du Iappon, contenãs aucuns poinɛts remer-quables, de ce que noſtre Seigneur y a operé à l'exalta-tion de ſon nom en l'an 1577. qui ſont les plus fraiches nouuelles qu'on en a peu receuoir à cauſe de la diſtance des lieux: La nouuelle obligatiõ que nꝰ auõs auec vne infinité d'autres à V. illuſtriſ. S. pour vn ſi grand bien cõme eſt celuy qu'elle nous a fait ces iours paſſez, nous a induit en teſmoignage de recongnoiſſance de les faire ſortir en lumiere ſoubs l'authorité de voſtre nom, aimé & reſpeɛté d'vn chacun pour la vertu & pieté qu'il repreſente. Et d'autant plus que de telles maiſons que celle qu'il vous a pleu nous dreſſer en ceſte ville de Pa-ris, ſortẽt ordinairemẽt ceux, leſquels apres vne lõgue preuue de leur vie, doɛtrine, & dexterité à ayder les ames, ſe treuuẽt dignes d'vne ſi haute & excelente en-treprinſe, que de voyager par toute l'eſtẽdue du mõde;*

A ij

ÉPITRE.

pour l'amplification du royaume de Dieu. Pour à quoy
paruenir nous esperons d'estre grandement aydez par
les merites & intercession du glorieux sainct Louys
Roy de France, vostre grãd pere & deuãcier, qui à esté
tant desireux de la conuersion dès Payens & infidel-
les, que non content d'auoir enuoyé iusques au grand
Cam de Tartarie, plusieurs rares & doctes person-
nages de son royaume, pour y annõcer le sainct Euangile: luy mesme n'a voulu espargner sa propre vie &
personne, pour le restablir & remettre par tout le demeurãt de l'Asie & Afrique: Attẽdu que esmeu &
poussé de mesme zele & deuotion & à mesme fin &
pour nous exciter de plus en plus au but & perfection
de nostre vocation, Vous auez voulu par vne singu-
liere prouidence de Dieu, bastir & edifier ladite maison & Eglise à l'honneur & memoire dudit sainct
Louys, Receuez donc MONSEIGNEVR s'il vous
plaist, cõme premices & premiers fruits de ce nouueau
verger planté de vostre main fecõde, ce petit present,
encore que ce ne soit qu'vn recit de ce que font telles
maisons ailleurs, attendãt que par la rosee de vos graces, l'aspect de ce clair & resplãdissant astre, mõsieur
S. Louys, & par la chaleur du soleil de iustice, Dieu
vous face la grace de voir par lõgues annees & en a-
bondãce les propres fruicts de la vostre. Comme treshumblement nous en supplions sa diuine maiesté. De
S. Louys vostre maison à Paris ce 20. Auril 1580.

LETTRES DV

IAPPON, DE L'AN M. D.

LXXX. ENVOYEES PAR LES
prestres de la Compagnie de Iesus,
vacans à la conuersion des infideles audit lieu.

Copie d'vne lettre du Pere Louys Froës es-
crite aux peres, & freres de la Compa-
gnie de Iesus, du 6. Iuing. 1577.

ÇACHANT bié qu'en Europe on
reçoit grand plaisir & contentement en nostre Seigneur, des nouuelles du Iappon, i'auroys grand
desir d'auoir la commodité de vous faire entendre par le menu le progrés, & aduancemét
de ceste nouuelle Chrestienté. Mais pour ce
que nous sommes accablez d'affaires, & vr-

A iij

gentes occupations, & fommes iournellemét
pour efpãdre le fang, & employer la vie pour
noftre faincte foy, laiffant à part plufieurs autres chofes, i'en efcriray feulement vne des
plus graues & ferieufes qui foient iufques à
prefent aduenues en ces quartiers de parde-
ça. Et premierement faut qu'entendiez qu'en
toute cefte grande Ifle nous fommes de la
Compagnie vingt & trois preftres, & autant
d'autres, qui ne font pas preftres, & y a defia
dixhuiĉt ans, que les noftres mirent le pied en
ce Royaume de Bungo, le Roy duquel nous a
toufiours fauorifé : & nonobftant qu'il foit
pour encores payen, outre les autres faueurs,
qu'il no⁹ a faites, il no⁹ a dõné vn lieu fort biẽ
aëré, fitué tout au pres de fõ Palais, & voifin de
la mer, fort propre pour nos exercices, & qui
a de circuit demy lieuë, là où on à defia donné
affez bon cõmencement à vn College, chofe
que nous auions fort defiré, auquel les noftres pourront viure conformément à la maniere de noftre inftitut, & fe rafraifchir des
trauaux & cõtinuels labeurs, qu'ils endurent.
L'on y pourra auffi dreffer vn Seminaire propre pour enfeigner diuerfes facultez, & lan-
gues, & nommément la Iapponoife. Or d'autant plus qu'en toutes chofes nous auons efté

aydez, & fauorifez du Roy , d'autant plus au
contraire auons nous toufiours efté mal-voulus , & moleftez de la Royne , laquelle de
plufieurs eft appellee Iefabel, par ce qu'elle n'eft en rien diffemblable à icelle , fi vous
regardez la haine que elle porte aux chofes appartenantes à l'honneur de Dieu, &
l'effort qu'elle fait de reculer l'accroiffement de noftre foy, Elle à follicité le Roy
en toute extremité , que les peres de la
Compagnie fuffent chaffez de fon royaume,
& auec eux tous les Chreftiens , leur mettant
fus,que c'eftoit vne fecte de grand preiudice
à l'eftat,& fort abominable: mais le Roy facilement confutant ce qu'elle propofoit, la reprimoit,& luy difoit: Auāt que ces peres vinfent icy,ie n'eftois feigneur d'autre, que de ce
royaume de Bungo : & maintenant ie porte la
corōne de cinq royaumes:& vous, qui au parauant eftiez fterile, auez à prefent fix ou fept
fils ou filles,& richeffes en abōdāce. Parquoy
iamais, tant que ie viue, ie ne lairray de fauorifer à tous les Chreftiens. Cefte bonne Royne à vn fien frere appellé Cicacatà , qui eft la
fecōde,ou troifiefme perfōne de ce royaume,
tāt en nōbre de fubiets, qu'en puiffance & richeffes: Ceftui-cy n'ayāt point d'éfās, qui puif-
A iiij

fent fucceder à fes eftats, adopta vn ieune enfant de Meaco, lequel eftoit fils d'vn Cungue,
Ces Cungues font les premieres, & principa-
les perfonnes du Iappon, car ils ont charge de
feruir immediatement le Vò, auquel de droit
appartiét la feigneurie des foixáte fix royaumes du Iappon, & eftant Cicacata perfonne
de fi grande qualité, il fceut auffi bien choifir
vn enfant pour ce l'adopter, conforme à fon
defir: lequel enfant lors qu'il fut amené à Bungo, pouuoit auoir de fix à fept ans, auquel en
brief on defcouurit des dons, & qualitez tref-
rares. Car outre ce qu'il eft affez beau de
corps, & gratieux, il a vn efprit fi excellent,
qu'en tout ce qu'il f'eft applicqué, il à, en fort
peu de temps, furpaffe les mefmes maiftres,
comme à iouer de toutes fortes d'inftrumens
de mufique, chanter, lire, efcrire, paindre, ef-
crimer, & en tous les exercices de l'art mili-
taire: Mais particulierement me difoit, noftre
frere Iean Iapponois, qu'il f'eftoit furmonté
foy mefmes en apprenant les lettres de la
Chine, qui font certains characteres, pour lefquels apprendre les *Bonzes* emploiént toute
leur vie, & qu'en tous ces royaumes n'y a hôme pour docte qu'il foit, qui fçache mieux
former lefdits characteres, ny en faire de plus

de sortes,& manieres. Parquoy se retrouuant
en cest enfant tant de qualitez ensemble, & si
rares, & sur tout ayât le iugement fort bon,le
Roy,& la Royne furêt d'aduis qu'ils ne pourroient trouuer en tout le Iappon ny meilleur,
ny plus honorable party à vne de leurs filles,
que ce ieune seigneur. Et l'ayant cômuniqué
à Cicacata , finablement conclurent par ensemble,le que mariage s'effectueroit lors,que
tous deux seroient en aage, qui seroit en ceste
presente annee mil cinq cens soixante & dixsept estant desia le ieune prince de seize ans,
& la princesse de treize.

Or aduint il depuis qu'ayant attaint le sus-
dit ieune seigneur l'an quatorziesme de son
aage , son pere l'amena en nostre Eglise de
Suqui,là où se tient la Cour du Roy ; & fit instance au pere François Cabral nostre supe-
rieur,de luy vouloir faire enseigner la doctrine Chrestienne , promettant qu'il estoit content que son fils fust chrestienné. En ce temps
mesme aduint encores qu'vne femme posse-
dee de l'ennemy , qui se tenoit pres du Palais
de Cicacata,ne peut iamais estre deliuree par
les Bôzes,encores qu'ils y trauaillassent beaucoup,& qu'ils y applicassent diuers remedes,
laquelle neantmoins fut deliuree en nostre

Eglife auecques grande facilité, comme il
pleut à Dieu noftre Seigneur, & furét bapti-
fez, elle, fon mary, fes enfans, & toute fa famille: Ce qu'ayát veu Cicatora (ainfi f'appelle
ce ieune enfant) il iugea tresbien, que cela ne
pouuoit d'ailleurs proceder, que de la vertu
diuine. Parquoy illuftré de la lumiere de ceft
œuure miraculeux, il follicita de rechef d'e-
ftre inftruict, & enfeigné: & pour ceft effect
noftre frere Iean Iapponois alla en fa maifon
pour luy declairer le Catechifme, auquel il fit
fi grand fruit & progrez & comprint fi bien
tous les poincts, & myfteres de noftre faincte
foy, aidé de la grace diuine, & de la viuaci-
té de fon efprit, qu'il fe dit eftre defia refolu de
fe faire Chreftien. Ce qu'eftant venu aux aureilles de la Royne, foudain elle commença à
luy contredire, & faire tout effort pour em-
pefcher cefte fienne deliberation. Son pere
auffi fe conformant à la Royne fa fœur commença à luy faire mauuais traictement, & à le
refferrer comme en prifon, d'autant qu'il luy
difoit, qu'il ne pouuoit refifter, ny contredire
à la verité de noftre faincte foy, qu'il auoit
ouye, & entendue, & que pourueu, qu'il luy
fuft permis d'eftre Chreftien, il ne fe foucioit
de viure toute fa vie en vne eftable, ou bien de

retourner à Meaco. On defendit, que personne ne luy parlaſt, & fut tourmété en pluſieurs
ſortes à ce qu'il departiſt de ſon bon & ſainct
propos, mais voiant qu'on trauailloit en vain
ſon pere, & la Royne, ſe reſolurét de l'enuoyer
au royaume de Figen, duquel eſt gouuerneur
Cicacata, & là luy fuſt donnee bonne & ſeu-
re garde, à ce qu'il ne fuſt accoſté de perſonne qui le peuſt confirmer en ſa bonne reſolution.

Eſtant de ce deuëmét informé le pere Cabral, qui pour lors eſtoit audit royaume de
Figen, il eſcriuit vne lettre à Cicatora, par laquelle il luy perſuadoit auec force raiſons d'e-
ſtre ferme & conſtant, puis qu'il ſçauoit combien grand' gloire & merite luy en reuien-
droit. Il eſcriuit vne autre lettre au pere Iean
Baptiſte, par vn de nos freres appellé Roch,
affin qu'il moyennaſt par tous moyens poſſi-
bles que la lettre vint és mains de Cicatora, &
que ledit Roch, s'il eſtoit loiſible, tachaſt de
luy parler, & l'écourager en noſtre Seigneur.
Il pleuſt à Dieu, que l'effect s'en enſuiuit. Car
il print treſgrande conſolation de la lettre du
pere Cabral, à laquelle il fiſt reſponce en ſub-
ſtance, que pour vray il auoit beaucoup paty
& enduré pour la confeſſion de la foy, & pour

le defir, qu'il auoit d'eftre baptifé, mais que fa reuerence f'affeuraft, & qu'elle ne fuft en aucune peine, ny foucy de luy, puis qu'il fentoit fon cœur plus ferme, & conftãt, que iamais & que cependãt qu'il eftoit ainfi refferré, il auoit eu le moyen d'apprendre la maniere de prier Dieu, & la doctrine Chreftiéne: qu'il auoit vn chappelet, lequel il difoit fouuent, & que de iour à autre, il attendoit que le Prince le rappellaft à Bungo, là où il effectueroit ce que plus il defiroit en cefte vie, qu'eftoit d'eftre baptifé.

Penfant donques Cicacata, qu'ayant tenu fon fils fi long temps efloigné de la conuerfation des Chreftiens, ceft ardant defir, qu'il auoit d'eftre Chreftien fut refroidy, ou du tout eftaint, il le fit retourner accompaigné de foixante & dix cheuaux, & à fon arriuee fortirét pour le receuoir tous les principaux feigneurs de cefte Cour: en laquelle il fut recueilly auecques fefte, & honneur extraordinaire. Mais il n'y fut pas long temps, qu'ayãt entendu, que le pere Cabral, eftoit arriué auecques Iean Iapponois, il les follicita bien fort par perfonnes fecretemét interpofees d'eftre baptifé fuiuant l'ardant defir qu'il en auoit auant que nouueaux troubles, ou empefchemens furuinſent.

Eſtant arriué Cicatora à Bungo ſon pere a-
uoit deſir de le faire condeſcendre à quelque
choſe, à laquelle il ne ſe fut iamais voulu plier,
ou auecques grand' difficulté: Dequoy ſ'eſtãt
pris garde Cicatora il vouluſt preuenir ſõ pere, & ſ'en alla droit au Roy luy cõtãt par le menu toutes les iniures, & mauuais traictemens,
qu'on luy auoit fait auecques toutes les circõ-
ſtances des temps, lieux, & perſonnes, refutant
de poinct en poinct auecques raiſons prei-
gnantes & efficaces tout ce qu'on luy mettoit
ſus, tellement, que le Roy non ſeulement demeura conuaincu, mais auſſi eſtonné de la vi-
uacité de ſon eſprit, & de voir en vn enfant de
ſeize anſſi grand ſens, & prudence. Parquoy
ne pouuant le Roy, ny le Prince ſon fils, qui ſe
trouua preſent, perſuader à Cicatora de cõde-
ſcendre à tout ce que ſon pere vouloit de luy,
le licencierent, & renuoierent en ſa maiſon.
Voyãt donques Cicacata, qu'il ſe tourmétoit
en vain, il l'enuoya icy en noſtre maiſon vn de
ſes principaux gentilshommes, lequel (cõme
de ſoy meſme, & non comme enuoyé d'au-
truy) dit à noſtre frere Iean, que Cicatora n'o-
beiſſoit pas à ſon pere, & que puis qu'il feroit
plus par ſa perſuaſion, que d'aucun autre, il luy

sembloit, qu'il feroit bien d'exhorter auecques vn petit mot de lettre ledit Cicatora de
donner contentement & satisfaction à son
pere. Ce que nostredit frere fit par permission
du pere Cabral, luy escriuant, que hormis les
choses, qui estoient contre la loy de Dieu, &
le salut de son ame, il estoit obligé d'obeir en
tout, & par tout à son pere, nonobstant qu'il
fust Gétil: & que pour l'obeissance du pere, &
seruice de sõ Roy il ne deuoit espargner sa pro
pre vie, quãd l'importãce du fait le requeroit.
On luy porta ceste lettre, & l'ayant leuë il se la
mit sur sa teste en pleurant, & puis en son sein,
disant, qu'il ne faudroit de faire tout ce qu'on
luy venoit d'escrire: & rescriuit remerciant
grandement des bons aduertissemens, & conseils qu'on luy auoit donné. Ce que donna
occasion de tresgrande allegresse à son pere,
& à toute la Cour, voyant auec qu'elle prom-
ptitude il se soubmettoit aux conseils de l'E-
glise, & des peres.

Depuis le retour de Cicatora en ceste cour,
le Diable s'estudioit d'exciter au pere plus
grande auersion des choses de Dieu, & donner plus grand espouuantemét à l'enfant. Car
toutes les nuits on iettoit tant de pierres dans
les logis de Cicatora, que to⁹ en estoiét espou-

uantez,& leur estant aduis, que le bruit de ses
pierres fust dãsles salles, on faisoit soudain al-
lumer des torches,& lors ny voyoit on plº rié.
Parquoy Circatora sollicitoit auec plus grãd'
instance,que le baptesme luy fust donné,affin
que cela seruist de signe euidēt à son pere,s'asseurant pour certain qu'estant baptisé les dia-
bles s'enfuyrent de là.

Finablemēt Cicatora vint en nostre maison
pour ouyr les derniers discours du Catechis-
me: & luy estant proposez aucuns noms des
saincts, affin qu'il en choisit vn tel qu'il voudroit,il choisit Simon, lequel nom, escrit en
characteres de la Chine, signifie celuy qui est
enseigné du maistre,& ne voulut pas qu'on y
adioustat Dom, qui est vn tiltre de Noblesse.
Toutesfois on ne le baptisa point encore,
maisle priast-on de patiēter quelque peu d'a-
uantage pour leplus grand bien de son ame.
Ce pendant il alla visiter la Royne, & cõme il
fut requis & interrogé d'elle, s'il estoit Chrestien, il respõdit hardimēt qu'ouy:De quoy la
Royne s'altera grādemēt,& pleine de desdein
lé tensa,& rabroua bien aigrement.

Cicatora retourna derechef en nostre maison,pour faire toute instāce d'estre baptisé, &
ne se pouuant,ne debuāt plus delayer, le pere
Cabral le baptisa , auec trois autres icunes

gentilshommes de ſa maiſon, la veille du glorieux ſainct Marc Euangeliſte. Il demeura durant tout le ſeruice à genoux, les mains eſle-
uees au ciel, & auec grande ſerenité de viſage:
& apres le bapteſme il ſe retira en vne de nos
châbres, pour parler auec aucuns, auſquels il
ſ'eſtimoit d'eſtre pl⁹ obligé. Et entre les autre-
choſes qu'il profera pour demonſtrer l'allegreſſe qu'il ſentoit en ſon cœur, dit, que pour
accôpliſſement total de ſa felicité, il deſireroit
(ſi c'eſtoit le bon plaiſir de Dieu) que bien toſt
la mort luy ſerraſt les yeux, auāt que ſon ame
fuſt ſouillee d'aucun peché. Le pere Cabral
luy fit preſent d'vn fort beau chapelet d'os de
cheual marin, lequel il cheriſt & priſe beaucoup, & ſoudain le mit en ſon col, donnāt celuy qu'il auoit au parauant, à vn des trois, qui
ſ'eſtoiét baptiſez auec luy. Et dés lors en auāt
ne fut plus ouy en ſon logis le bruit & tinta-
marre des pierres qu'on y auoit ouy toutes les
nuicts precedentes.

Peu de iours apres Simon ſ'en alla auec ſon
pere à quatre lieuës d'icy, là où le Roy & le
Prince ſon fils eſtoiét à la chaſſe. Et y fit on vn
beau feſtin, apres lequel, ce pendant que le
pere deuiſoit auec le Roy, Simon ſ'en retourna à grande haſte & diligence, nonobſtant
qu'il

qu'il pleuſt biē fort, eſtāt iour de Samedy, affin
que couchant en ſa maiſon il peut le Dimenche matin ouyr la Meſſe, choſe qu'il deſiroit,
treſardāment. Et cōbien que le Dimenche il
ne ceſſat de pleuuoir, il ne laiſſa pourtāt de venir à noſtre Egliſe à beau pied, là où durant la
Meſſe il fut touſiours à genoux, adorant le
treſſainct Sacrement auec autant de reuerence & deuotion comme ſi deſia il y eut pluſieurs annees qu'il euſt eſté Chreſtien. Ie vous
laiſſe à penſer la ioye & conſolation qu'eurēt
lors les Chreſtiens le voyant à l'Egliſe: il ouyſt
auſſi le ſermon que fit le P. François Cabral
auquel il print occaſion par la preſence de Si-
mō de le cōforter en noſtre ſaîte foy, luy pro-
poſant le ſalaire ſi grād que Dieu pour peu de
trauail qu'ō a ſouffert pour ſō amour en ceſte
vie, à accouſtumé de rendre à ſes eſleuz en la
vie eternelle. Apres le ſermon, Simon dit à
tous les Chreſtiens, qui eſtoient la preſens,
que combien que (pour eſtre nouuellement
conuerty) il ne ſçeut encores, & n'entédit les
myſteres repreſentez en la ſaincte Meſſe, que
neātmoins toutes les ceremonies, qu'il auoit
veu en icelle luy ſembloient ſainctes, pleines
de hauts & admirables ſecrets, & de conſolation à eux, qui les entendoient, & qu'il leur

B

portoit grande enuie pour la cõmodité, qu'ils auoient de venir ouyr la Meſſe chaque fois, qu'ils vouloient, ce qu'à luy pour maintenant n'eſtoit loiſible. Et ainſi prenant congé de tous amiablement, s'en retourna à ſa maiſon.

Vn autre iour Simon faiſant ſemblant d'aller auecques l'arquebuze chaſſer aux oyſeaux entra dans vne petite barquette, & s'en vinſt à noſtre maiſon, là où on luy expliqua quelques myſteres de la ſainte foy. Ce que ne peuſt eſtre ſi ſecretement fait, qu'il ne vinſt iuſques aux aureilles de Cicacata ſon pere, lequel comme celuy qui eſtoit extrememét indigné, luy voyant porter le chappelet au col en ſigne qu'il eſtoit Chreſtien, fut fort eſmeu d'entendre, qu'il auoit eſté chez nous, & ne pouuant plus diſſimuler la paſſion vehemente, ny refrener l'impetuoſité de ſa cholere fit ſçauoir à ſon fils par vn tiers (car telle eſt la couſtume du Iappon entre les grands, aux choſes d'importance, de ne ſe parler enſemble, mais par perſonne interpoſee encores, que ce ſoit de pere à fils) qu'il pouuoit deformais bien entendre combien ce luy eſtoit choſe deſplaiſante & à contre-cœur qu'il feuſt Chreſtien, & que lors qu'il penſoit, qu'il ſe feuſt retiré de ce deſſaing, pour le luy auoir cõmandé, il luy voyoit porter le chappellet comme Chreſtien, & ſçauoit, qu'il auoit eſté quelques fois à l'Egliſe, & pourtant qu'il ſe gardaſt doreſenauant de plus faire choſe ſemblable, autrement que ſans faillir il feroit mourir quelque ce feuſt de ſes ſeruiteurs, qui luy feroit eſcorte, & compaignie. Et ſ'il eſtoit ſi mál-aduiſé, que de ſe mettre en chemin pour y aller ſeul, qu'il le chaſſeroit de ſa maiſon, & le renuoyeroit à Meaco, ce qui luy retourneroit à honte, & deshonneur. A toutes ſes menaces reſpondit Simon, qu'il eſtoit deſia Chreſtié, & comme tel ne pouuoit laiſſer, iouxte l'obligatiõ, qu'il y auoit, de frequéter l'Egliſe, faire oraiſon, & recommander ſon ame à ſon createur, quand bien pour ceſte cauſe il deuſt endurer toute ſorte de maux, voire meſme perdre la vie, & auec ceſte reſponce depeſcha celuy qui au nom de ſon pere luy tenoit ſes propos, & remercia Dieu, qui luy auoit enuoyé, ſi belle occaſion de deſcouurir à ſon pere, & à tous, qu'il eſtoit deſia Chreſtien, cõme luy de tout ſon cœur deſiroit, & ſoudain par letres fit entẽdre au pere Cabral, qu'il eſtoit deſia venu au bout de ſõ deſſeing de ſe declarer pour tel qu'il eſtoit, & qu'il ſe recommãdoit aux prieres de tous.

B ij

En ce mesme temps Simon fut derechef
r'enserré si estroittement qu'il estoit comme
en prison soubs bonne & seure garde, tant de
iour que de nuict, tellement qu'il ne pouuoit
estre visité, ny conforté de nous. Ce nonobstant l'on fit tant qu'on treuua moyen de luy
faire tomber entre les mains la vie du glorieux sainct Sebastien, traduicte en bonne
langue Iapponnoise, où estoient aucu-
nes belles exhortations de celles qu'il faisoit
aux Martyrs pour les retirer de la crainte que
ils auoient d'endurer, affin que Simon fust aydé,& encouragé par tels exemples au milieu
de ses plus grands trauaux, comme il fust par
apres. Ayant Cicacata receu la responce de
Simon,il en fut fort indigné,& de nouueau
commença auecques la Royne sa sœur de
conspirer contre son fils, & tous deux par force de menasses taschoiét de l'accabler du tout,
& luy faire dóner du nez en terre. Ils luy oste-
rent vn Chrestien,qui luy enseignoit la Musi-
que,& l'enuoyerét en exil. Apres fut chassé vn
des trois,qui s'estoiét baptisez auecques Simó,
duquel Cicacata se lamentoit,disant qu'il l'a-
uoit mis aupres de son fils pour l'ayder, &
qu'il auoit esté si hardy, que de se faire Chrestien auecques luy, & luy commanda de se

partir incontinent, luy difant qu'il l'euft fait
mourir, f'il n'euft eu efgard à fon ieune & bas
aage, & qu'il ne fuft fi ofé & temeraire de iamais fe trouuer deuant luy, fur peine de fa vie,
de celles de fes pere, mere, freres, & parés. Les
autres deux n'ayans refuge eurent recours à
nous, & furent receuillis du pere Cabral, qui
pourueuft à leur neceffité, & les ayda pour fe
retirer en autre pays. Le mefme Cicacata cõ-
máda qu'on fift encores mourir vng des troys
getilshommes qui s'eftoient Chreftiennez a-
ueques Simon : mais la chofe ne reuffit, par ce
que Simon ne le laiffa partir, & luy dõna courage, & l'affeura, luy difant par ce que il l'ay-
moit vniquement, pluftoft on me decouppe-
roit touts les membres en pieces, que à toy les
habillements. Vng autre feruiteur luy feuft
encores ofté, qui lui eftoit demouré tout feul,
lequel il auoit amené de Meaco, & de la maifon de fon propre pere. Il feuft enuoyé en exil
pour ce que l'on entédift, que par fon moyen
Simõ no⁹ enuoyoit des lettres, & en receuoit.

Eftant ainfi priué Simon de touts fes feruiteurs, & de fes plus chers amis, & demeurãt
abãdõné de to⁹, fuft de nouueau plus viuemẽt
affailly en plufieurs manieres, & importuné
de laiffer la foy, tellement qu'on ne le laiffoit

B iiij

repofer ny iour, ny nuit. Tâtoft luy alloit parler vng des premiers feigneurs de la Cour, au
nõ de la Royne, & de fõ pere, tâtoft vn autre,
& tous d'vn accord luy difoient: Vous eftes a-
pres le Roy la premiere, ou feconde perfonne
de ces royaumes. Le Roy a deliberé de vous
donner la princeffe fa fille pour femme. Tout
le royaume de Bungo obeift à vos commãde-
mens. Vous auez à voftre folde quinze mille
hommes d'armes, & quatre vingts mille du-
cats de rente : tous ont les yeux ietez fur vous.
Voulez vous dõcques tresbucher & dechoir
d'vn fi haut de gré d'hõneur? Ne voyez vo⁹ pas
que fi vous ne vous retirez a bonne heure de
cefte loy Chreftiéne, que non feulement vous
ferez perte de toutes vos grãdeurs, & preemi-
nêces, ains encores mettrez au hazard voftre
propre vie? A quoy Simon refpondit franche-
ment, d'vne contenance affeuree : Ie ne fais
grand eftat d'eftre gendre du Roy, ny d'auoir
tant de rentes, n'y d'eftre fils adoptif de Cicacata, ny de marcher accompaigné de tant
de mille hommes de guerre, ny finablement
d'eftre feigneur du royaume de Bungo: Ie de-
fire feulemêt viure Chreftié. Voyla tout mon
fouuerain plaifir & contentement, encores
qu'au refte ie deuffe eftre traitté, comme vn

premiere propofitiõ, que fon excellence n'a-
uoit aucune raifon de fe douloir, que fon fils
fuft Chreftien.veu que luy mefme l'auoit follicité d'ouyr la doctrine Chreftienne, & que
luy mefme l'auoit conduit & amené pour
ceft effect à l'Eglife. Par ainfi, fi en ce il y a-
uoit de la faute, il la deuoit imputer à foy
mefmes. Et quant a ce qu'il fe plaignoit de la
defobeyffance de fon fils, il refpondoit
que l'experience en plufieurs occurrences a-
uoit defia monftré euidemment le contraire,
& fpecialement à fon retour de Figen, lors
qu'ayát receu vn petit mot de lettre,il fe foub-
mit promptement à faire tout ce que fon excellence luy commanderoit, combien que
pour lors il ne fuft encores Chreftien, & que
depuis qu'il f'eftoit baptifé, il ne pouuoit en
cela auoir beaucoup failly, veu qu'il y auoit fi
peu de iours qu'il auoit receu le baptefme. A
la feconde il refpondit, qu'aux royaumes de
Meaco il y auoit des Cúngues, & Voiacats
Chreftiens,qui n'eftoient en rien moindres &
inferieurs à fon fils, & que fon nepueu Dom
Sebaftien fils du Roy de Bungo eftoit auffi
Chreftien : & qui plus eft, qu'aux royaumes
d'Europe (à comparaifon defquels le Iappon
n'eftoit eftimé qu'vne petite ifle n'a gueres in-

congneuë) il y auoit des Roys Chreſtiés, leſquels gouuernoient le monde , & comman-
doient à d'autres Roys beaucoup plus grands
en dignité , que n'eſtoit le Roy de tout le Iappon,& que neantmoins le plus grand hõneur
qu'ils auoient eſtoit de ſouuent frequenter les
Egliſes, là où ils ſe retirent pour recõgnoiſtre
le Createur de l'vniuers, & Sauueur du mõde
pour leur ſeigneur & maiſtre, pour humblement luy demãder ſon ayde, & faueur. Et que
quant a ce , que Simon portoit le Chappelet
au col, qu'en cela il pouuoit faire , ce qui luy
plairoit, puis que ce n'eſtoit choſe eſſentiele
de noſtre loy:mais quant à la frequentatiõ de
l'Egliſe,que ſon excellence ſe perſuadaſt, que
nous ne luy donriõs conſeil,qui l'en peuſt deſtourner. A la troiſieſme,qui faiſoit mentiõ de
l'extermination de leurs dieux,fit reſponce le
pere Cabral, que l'on n'en eſtoit encores venu
là, mais quand bien il aduiendroit en brief,ce
n'eſtoit choſe dõmageable auſdits royaumes,
cõme l'experiéce l'auoit mõſtré à Nabunãga,
lequel eſtant Gentil,& le plus grãd de tous les
ſeigneurs du Iappon,eſtoit auſſi le plus grand
ennemy,& le plus grãd perſecuteur de Camis
& Fotoques, & toutesfois tant ſ'en faut, qu'il
ait eſté chaſtié de ſes dieux,cõme les Gentils,
le penſant d eterrer luy prediſoiét, qu'au con-

pauure beliftre, qui eft contrainct de man-
dier fa vie de porte en porte, ou comme vn
efclaue attaché à la cadene. Auffi quád ie fus
baptifé fif-je refolutió de courir toute fortune
& fouffrir brauement toute forte de trauerfes
pour le bien & falut de mon ame, & pour l'a-
mour & honneur de mon Seigneur, qui f'eft
daigné mourir pour moy. Les Payés mefmes
eftoient rauis & eftonnez de voir en vn ieune
hôme vn courage fi haut & affeuré, & les Chre
ftiens admiroiét fi grande plenitude & abon-
dance de lumiere & de grace qui fe defcou-
uroit en Simon, voyás qu'au milieu de fi gráds
& furieux affauts, & perfecutions, priué de
tout ayde humain, il fe monftroit fi ferme &
fi conftant en la confeffion de la foy: De
quoy tous luy portoient vne louable & faincte enuie.　　　　•

　Voyát dóques Cicacata, que toute fon indu-
ftrie & celle de la Royne, de fes parés & amis
eftoit reduite à neant, & fe perfuadant, que par
le moyen & entremife de nos peres, il pourroit obtenir tout ce qu'il defiroit, il fe refolut d'effayer ceftevoye, & depefcha vers le pere Cabral vn de fes gentilshommes qui luy e-
ftoit parent, homme accort pour traiter
auecques luy ces trois chofes. La premiere
　　　　　　　　B iiij

que auāt, que fon fils fe rengeaft à la foy & religion Chreftienne, il portoit tel refpect, & obeyffance qu'il eftoit conuenable : mais, que de puis il luy auroit efté rebelle, & defobeyffant en plufieurs chofes, parquoy il fe douloit & eftoit fort marry de ce que ledit pere l'auoit baptifé. La feconde, qu'eftant fon fils de fi grande & noble maifon, fon honneur eftoit grandement intereffé de ce, qu'il alloit fi fouuent à l'Eglife, & qu'il portoit le Chapellet au col. La troifiefme eftoit, que y ayant tant de tēples defdiez à Camis, & Fotoques, (qui font leurs Dieux) tant au royaume de Figen, comme en fes autres feigneuries bien pourueus de bonnes rentes, & remarquez pour les grandes feftes & folemnitez annuelles qu'on y faifoit, fi Cicatora perfeueroit en la loy Chreftiēne, le culte, & hōneur de ces fiés dieux feroit efteinct, les rêtes perdues, & les folénitez abolies. Et pour ces regards il demandoit inftamment du pere Cabral, qu'il vouffift donner confeil à fon fils d'abandonnēr la foy, & qu'en récompenfe il ne manqueroit de faire autant de faueurs aux Chreftiens, & aduanuancer autāt le progrez de la conuerfion des Gentils, comme fi Cicatora fuft toufiours auecques nous. Le pere Cabral fit refponce à la

traire tãt plus il les a perfecutez,& ruiné leurs
temples, d'autant a il plus profperé, & cõque-
fté nouueaux pays, royaumes,& richeffes.Sõ-
me quand à ce que fon excellence requeroit,
que les noftres feiffent tant que fon fils aban-
donnaft la foy:il refpondit, que telle requefte
de fon excellence procedoit de ce qu'il n'entendoit pas encores biẽ la pureté, & fincerité
de la loy de Dieu, laquelle ne fouffroit, ny ap-
prouuoit aucun peché pour petit qu'il fçeuft
eftre beaucoup moins vne telle, & fi lourde
offenfe, que cefte-cy, & principalement en
ceux qui ont charge de femer la parolle de
Dieu, & inftruire les autres, & pourtant qu'il
faffeuraft, que pluftoft les peres expoferoient
la vie,& confentiroiét à la deftruction de toutes les Eglifes du Iappõ, voire de tout le monde,que de dõner vn femblable cõfeil à Chreftien quel qui ce fuft. Que fon exceIléce pluftoft deuoit laiffer en paix fon fils, fans le plus
troubler ny molefter pour le regard de fa foy,
& confcience, qu'au refte il faifoit bon, que
Simon luy feroit toufiours treshumble, &
trefobeyffant. En ce mefme temps accreurent
fi fort les perfecutions & fafcheries de Simon, qu'il fignifia par lettres au pere Cabral,
qu'il eftoit defia las de tãt endurer, & pourtãt
le prioit de certiorer le Roy par quelqu'vn

des noſtres de tout ce qu'on braſſoit contre
luy. Le pere deſpeſcha Iean Iapponois au
Roy, qui pour lors eſtoit en la montaigne à
trois lieuës d'icy, auec le Prince ſon fils, & ad-
uertit ſon Alteſſe par le menu, de tout ce qui
ſ'eſtoit paſſé ſuiuant les informations, qu'il a-
uoit porté quand & ſoy. Le Roy reſpõdit, que
ſans faulte Cicacata auoit tort, veu que luy
meſme auoit mené ſon fils à l'Egliſe pour luy
faire ouyr la parolle de Dieu, & que le pere
Cabral l'auoit entretenu vn an & demy auãt
que le baptiſer, pour le mieux ſonder, ioinct
qu'il dependoit de la volonté d'vn chacun de
choiſir telle loy qui luy ſembleroit la meilleu
re : neantmoins, que pour ceſte heure il eſtoit
expediét qu'il diſſimulaſt & feiſt ſemblant de
n'en rien ſçauoir, pour ne donner occaſion à
Cicacata homme bouillant de ſon naturel, de
remuer & embrouiller les cartes, mais qu'il
promettoit bien de mettre la main à bon e-
ſcient auec le temps à ceſt affaire, lequel il a-
uoit en ſinguliere recommandation.

　La Royne derechef ſollicitoit ſon frere de
ne ceſſer aucunement iuſques à ce qu'il euſt
fait plier ſon fils, autremét qu'elle ne luy donneroit iamais ſa fille pour femme. Cecy fut
cauſe, que Cicacata renuoya au pere Cabral

luy promettant beaucoup, s'il faisoit ce dequoy il l'auoit sollicité, qu'il bastiroit plusieurs
Eglises, & feroit en sorte que grand nombre
de ses vassaux receuroient le sainct baptesme
adioustant en outre plusieurs autres sembla-
bles promesses accompaignees toutesfois de
fort grãdes menasses, aduenant qu'il fust fru-
stré de son attente, & asseurant qu'il permettroit bié que son fils vint à nostre Eglise, mais
aussi que puis que par ñoz menees, il perdoit
son fils, & que par ce moyen le nom & armes
de sa maison estoient ensepuelies luy n'ayant
autre heritier que cestui-cy, il s'en sçauroit bié
venger, commendãt de raser l'Eglise,& mettre en pieces tous ceux qui s'y trouueroient,&
puis que le Roy feist ce que bon luy semble-
roit.Car il s'en soucioit bien peu.

La coustume du Iappon est, que lors que
les seigneurs menassent les Bonzes qui sont
leurs prestres,ou cerchent occasiõ de les ruy-
ner en quelque sorte que ce soit, lesdits Bonzes gaignent au pied, & abandonnant leurs
temples & idoles , se retirent ailleurs pour
crainte de la mort, ou de la perte des biens
temporels, ou pour le moins taschent auecques grands dons, & presens, d'appaiser leur
indignation, & cholere. On a opinion que la

Royne, & Cicacata feirent les menaſſes ſuſdi-
tes, ſe perſuadant que les peres de la Compaignie feroiét comme les Bonzes, & que par ce
moyé l'affaire reuſſiroit ſelon leur deſir & pre-
tendu: mais ils ſe trouuerét bien eſloignez de
leur comte. Car la premiere reſpôce leur ſer-
uit de ſecôde, ſinon qu'on y adiouſta, que quât
aux promeſſes, que Cicacata faiſoit de baſtir
l'Egliſe, dôner rentes, & faire conuertir beaucoup de gens, ſon excelléce pouuoit auoir entendu qu'ayât les peres de la Côpaigne aban-
dôné leurs propres patries pour venir en pays
ſi loingtain, ils n'auoient autre deſſein, que de
faire vn côtrechange des choſes temporelles
aux choſes eternelles, & de ne tenir côte aucun, ny faire eſtime de choſe aucune que de
Dieu, & de ſon S. ſeruice. Et quâd aux menaſſes de ſaccager l'Egliſe, & de no⁹ faire mourir,
nous eſtiôs bié martis de n'auoir qu'vne ſeule
vie pour l'offrir à Dieu, veu que ſi chacun de
nous en auoit cent mille, il les offriroit toutes
volôtiers à ſa diuine maieſté. Adiouſta auſſi le
pere Cabral que la pourſuite que ſô excellence faiſoit de faire abandonner la foy à ſon fils,
pouuoit proceder de deux raiſons, ou pour ce
qu'il luy ſembloit que la loy de Dieu fuſt vile,
& abiecte, ou faulſe, & non de Dieu, mais bien
du diable. Mais qu'il ſe trompoit en gros: car

comme defia on luy auoit fait fçauoir,les plus
grands Empereurs & Monarques du monde
auoient efté Chreftiens:par confequét,que la
la loy de Dieu eftoit noble, haute, & pleine
d'excellence,furpaffant en grãdeur & maiefté
toutes les loix du mõde. Que fi fon excelléce
vouloit faire preuue, fi elle eftoit vraye,& dõ-
nee de Dieu, qu'il f'eftudiaft de vuyder,& net-
toyer fon cœur de tout paffion, & qu'il fe refo-
luft d'employer quelque téps pour l'efcouter
auecques repos & tranquillité d'efprit,& que
fans doute il fe feroit capable de la verité. Et
que luy eftant fi grãd feigneur,& luy faifant le
Roy ceft honneur que de luy dõner charge &
gouuernement de la plus grand' partie de fes
eftats,il luy eftoit mal feãt de cõtredire à la rai
fon,& ne fe laiffer regir & gouuerner par icelle, mefmes que de fon cõfeil & aduis pendoit
la paix,& cõferuation de tãt de royaumes. En
fin quãd il fe voudroit de tãt oublier de toute
equité,& de fon deuoir que de vouloir ruiner
l'Eglife, & nous meurtrir nous autres pauures eftrangers, qui ne fommes icy pour autre fin que pour monftter aux Iapponois le
droit chemin de leur falut, qu'il f'affeuraft
qu'il nous trouueroit tous prefts, non pas
auec les armes au poing, n'y les portes
fermees, mais bien armez de prieres, & de

grande confiãce, que nous auons au feigneur
lequel nous feruons.

Et d'autant que le Roy auoit commandé
au pere Cabral, qu'on luy donnaft aduertiffe-
ment de tout ce qui fe pafferoit, ledit pere
prenant occafion de cefte nouuelle ambaffa-
de, enuoya au Roy vn gentil-homme nommé
Clement, le certiorant de tout ce qui eftoit
aduenu,& luy faifant entendre qu'il ne deuoit
fe donner peine, fi pour l'honneur de Dieu,&
defence de noftre foy, nous eftiõs mis à mort,
veu que c'eftoit noftre gloire,& felicité. Mais
que luy & nous, nous deuiõs reffentir du mau
uais traittemẽt qu'on faifoit à Simon. Le Roy
feit refponce, qu'il n'euft efté neceffaire d'a-
mener à Cicacata des raifons fi viues & perti-
nentes, que c'euft affez efté luy remonftrer
que le baptefme, & la conuerfion n'eftoient
chofes de fi petit prix & confequence qu'on
les deubt vilipender,& beaucoup moins em-
pefcher, & que le pere Cabral ne luy euft
deu promettre qu'en tous autres endroits Simon luy prefteroit obeyffance eftant Cicacata homme, qui f'attache facilement à toutes
heurtes,& auec lequel on n'auoit iamais faict,
& que quoy que l'on fift toufiours fe lamente-
roit-il, difant que fon fils ne luy tenoit ce,
qu'on

qu'on luy auoit promis, adiouftant que Cicacata pouuoit difpofer de fon fils, comme bon
luy fembloit, mais que quand à l'Eglife il la
tenoit pour fienne, & que luy & le Prince fon
fils en auoient prins la protection, & pourtant
qu'on ne doutaft aucunement qu'il ne la de-
fendift, comme il auoit fait toufiours iufques
icy.

S'apperceuans les inftrumens & fuppos de
Satan, que rien ne feruiroit pour peruertir
Simon de luy propofer la perte de fon honneur, des biens, ny de la vie, ils fe vont aduifer
d'vn nouueau ftratageme, luy mettant en auãt
ce que fur toute autre chofe le pouuoit ef-
mouuoir. Ils enuoyerent doncques vne perfonne, à laquelle Simon fe confioit le plus,
pour l'aduertir que fon pere eftoit refolu de
mettre le feu à l'Eglife ce iour mefme, ou le
lendemain, & qu'à fon occafion les Péres de
la Compaignie & tous les Chreftiens feroiét
exterminez, l'Eglife ruynee, le royaume ren-
uerfé, que fon pere mefme finiroit fes iours
deuãt le temps pour voir fa maifon & famille
ainfi enfepuelie, & qu'il f'en enfuiuroit vne
infinité d'autres maux, & efclandres, le moindre defquels eftoit fuffifant pour le deftour-
ner de fon deffeing. Puis luy dift, i'ay parlé

aux peres, & leur ay declaré que voſtre intention eſtoit de viure & mourir en la foy
Chreſtienne, d'eriger pluſieurs Egliſes, &
de faire baptizer tous vos vaſſaulx lors
qu'il plaira à Dieu vous donner le gouuernement en main. Et ils m'ont reſpōdu, que
puis que vous auez ſi bonne, & ferme intention, vous pouuiez cependant ſans aucun
ſcrupule diſſimuler la foy exterieurement,
en preſence des hommes, & afin que voſtre
pere ne mette la main aux armes, & n'exe-
cute ſon deſſaing d'exterminer les peres, il faut que tout maintenant ſans plus attendre, vous me donniez reſponſe. Se voyant
Simon ſi preſſé il ſe retira dans vne chambre pleurant en oraiſon tout le long du iour,
& combien qu'il ne ſe peut perſuader que les
peres euſſent donné tel conſeil, toutesfois ne
ſçachant rien de certain, & voyant que ſil
ne conſentoit, il ſen enſuiuroit vne infinité
de deſaſtres, & ſur tous la mort des peres, qui
luy peſoit plus, que tout le demeurant, n'ayant
auſſi perſonne, à qui il ſe peuſt fier, n'y demander conſeil, & iugeant, que pour lors il
n'auoit autre remede plus conuenable, il ſe
reſolut en enfant, & eſcriuit en vn petit bre-

uet, qu'il ne contrediroit au vouloir de son
pere, ains qu'il luy obeyroit en toutes choses.
Les aduersaires soudain interpretans sa lettre, dirent que son intention estoit de retourner arriere, & abandonner la foy. Au logis de Cicacata, & de la Royne l'on en faisoit les feux de ioye, & si les Gentils sauloient
d'allegresse, cuydans que ce seul acte seroit
suffisant pour renuerser la loy de Dieu. Cependant celuy qui auoit ainsi deceu Simon,
soudain print la fuite, & se retira bien loing
en vne autre contree, de peur d'estre descou-
couuert.

S'estant Simon apperceu de la malice, &
trahison, il fut infiniment affligé, pour ce,
qu'il auoit fait, & signifia au pere Cabral les
motifs, & raisons, qui l'auoient induict d'e-
scrire le petit breuet, & en ressentât tresgrand
remord de conscience, demandoit de tout
son cœur pardon de ceste faute à Dieu, & à
sa Reuerence, le suppliant de luy vouloir escrire les expedians, qu'il pourroit tenir, pour
y donner remede. Car encore que tout le
Iappon se deust conuertir en tenebres, son
cœur toutes-fois, moyennant la grace de
Dieu, ne perdroit la lumiere, qui luy auoit
esté departie. Et si sa Reuerence trouuoit

C ij

bon, qu'il depeſchaſt autres lettres, par leſquelles il confeſſaſt ouuertement qu'il eſtoit
Chreſtien, comme deuât, & ſe dediſt de tout
ce qu'il auoit peu donner à entendre par ſes
precedâtes, il le feroit ſans plus attendre, encores qu'il ſceuſt pour certain, qu'on luy deuſt
incontinêt trancher la teſte, ou ſi le pere le
trouuoit bon il ſ'en viendroit à l'Egliſe pour
mourir enſemble auecques nous. En fin il demandoit au pere quelques reliques pour ſ'en
armer, & en fortifier ſon ame. Le pere Cabral
reſpondit amplement à tout, & luy fit entendre en ſomme qu'il eſtoit obligé de confeſſer
cleremêt par œuure la foy qu'il auoit receuë,
toutes & quâtes fois que beſoing en ſeroit, ſâs
auoir eſgard à la vie des peres, ny à choſe
quelconque du monde, ioinct que pour vn
pere ou deux qui mourroient pour ceſte querelle, il en viédroit de l'Inde en leur lieu vingt
& trente. Ayant Simon receu ceſte reſponce
d'vn cœur genereux, & ſans crainte, il eſcriuit
vne autre lettre à ſon pere, luy deſcouurât ou-
uertemêt qu'il eſtoit Chreſtien, comme deſia
auparauât il luy auoit declairé, & qu'il perſeue
reroit en ceſte foy iuſques à la mort. Au reſte
qu'il fiſt de luy ce qu'il voudroit, ou qu'il le
fiſt mourir, ou bié qu'il le renuoyaſt à Meaco,

ou s'il le chaſſoit de ſa maiſon, il ſe rendroit en
la Compagnie des peres.

Auãt que ſon pere receuſt ces ſecõdes lettres, noſtre pere enuoya noſtre frere Iean vers
le Roy pour traicter ceſt affaire: lequel receut
reſponce du prince pleine de ſi grãd amour &
faueur vers l'Egliſe & les noſtres, qu'à grãde
defficulté les pourroit-on expliquer. Et à fin
que vous entédiez mieux les choſes que ie di-
ray puis apres, il vous faut preſuppoſer que le
Roy de Bongue a trois fils & trois filles: le
premier des maſles cõme heritier du royaume a deſia le gouuernement en main, luy
ayant ſon pere reſigné le royaume & tous ſes
eſtats, ſi bien qu'il luy ſert ſeulement de conſeil où & quand il eſt beſoing: le ſecond fils
aagé de ſeize ou enuiron ne voulant en façon
du monde ſe mettre en la religion des Bonzes
comme les ſiens le deſiroient, fut amené par
le Roy vers le pere François Cabral, à fin qu'il
le baptizaſt, & receuſt en ſon bapteſme le
nom de Dom Sebaſtien. Ce ieune prince eſt
grand amy & familier de Simon comme celuy lequel à cauſe de l'adoption deſia men-
tionnee luy eſt couſin germain & encores
beau frere à raiſon du futur mariage auec ſa
ſœur. Or craignant Simon plus d'eſtre banny

C iij

& dechaffé, que de perdre la vie pour euiter
vn fi grand inconueniét, il s'aduifa de ce beau
traict. C'eft qu'il fignifia par homme expres à
Dom Sebaftien, qu'il auroit grád defir de luy
pouuoir parler, & puis que cela ne fe pouuoit
bonnemét faire en fon logis, tafcheroit de l'aller trouuer en autre lieu tel qu'il aduiferoit.
Suyuant quoy bien toft apres fortant fecre-
tement de fa maifon fe tranfporta au lieu
nommé, accompaigné feulement de deux
feruiteurs. L'apperçeuant Dom Sebaftien fut
foudain efmeu d'vne bien grande compaf-
fion, tant il eftoit deffiguré, debile & dechar-
né, à l'occafion des afflictions & peines qu'il
auoit fouffertes, outre qu'il le voyoit en fi
pauure eftat, depourueu du grand nombre
des courtifans, lefquels ordinairement il a-
uoit à fa fuitte, & fur le champ, luy dit Simon:
i'ay efcrit à mon pere, telle & telle chofe,
dont ie n'attens que ou la mort ou l'exil, &
banniffement. Et puis que vous eftes fils de
Roy, & mon amy & parent fi eftroit, & ce qui
eft plus, Chreftien, & d'autre part puis que ie
n'ay où ie me puiffe retirer eftant priué de
tout fecours & faueur humain : ie vous adiu-
re de me vouloir eftre fupport & ayde en ce
mien trauail & affliction trefgrande. A quoy
refpondât Dom Sebaftié l'affeura qu'il l'ayde-

roit en tout ce qu'il luy feroit poſſible , & que
ſil eſtoit enuoyé en exil , qu'il ne permettroit
qu'il y allaſt ſeul, ains luy tiédroit bône & ſeu-
re côpaignie. De ce traict ſaduiſa Simon, à fin
que ſçachant la Royne, & Cicacata, la reſolution qu'auroit fait Dom Sebaſtien de ſuyure
en tous lieux ſon bié aymé Simõ, n'euſſent la
hardieſſe de tramer ſon bâniſſemét. Or pour
reuenir au propos commêcé, dés auſſi toſt que
Cicacata eut receu ces autres lettres, par leſquelles Simon ſe declaroit ouuertemét Chreſtien, il feit courir le bruit d'aſſembler grande
multitude d'hômes pour venir maſſacrer nos
peres, tuer le pere Cabral, & tailler en pieces
noſtre frere Iean, côme le plus coulpable, par
ce qu'eſtant de nation Iapponoiſe, il auroit a-
uec ſa lâgue naturelle plus auâcé la ſeduction
de ſon fils: en outre bruſler l'Egliſe. Quât à no⁹
autres ne fiſmes faute d'auoir encor recours à
nos armes ſpirituelles, offrâs prieres, oraiſons,
ieuſnes, & tous autres ſacrifices de l'Egliſe, le
requerât de vouloir departir à Simon grace &
force de cœur , à fin qu'il peuſt perſeuerer ferme & conſtant en la ſainte foy. Tous les gentilshommes Chreſtiens vindrent auec grande
alegreſſe ſe retirer dãs noſtre Egliſe auec grãd
deſir de la coronne du martyre. Et cependant que nous eſtions enſemble au dedans
　　　　　　　　　　　　　C iiij

de l'Eglise, l'on ne tenoit propos d'autre chose que du triumphe des Martyrs, de la felicité eternelle, & de la briefueté des souffrances, auec lesquelles elle se pouuoit acquerir, & estoit si grande la ioye auec laquelle ils couroient au martyre, que plusieurs se faisoient faire tout exprez de nouueaux vestemés pour se parer & preparer à vne si grād' feste. Nostre pere leur enuoya dire par plusieurs fois qu'ils se retirassent, puis que le commandement & vouloir de Cicacata estoit, que tant seulemēt nous autres fussiōs massacrez: & ce faisoit-il à ce qu'il ne vint en fātasie du Roy & des Gentils, que nous ne voulsissions auec ceste trouppe & force d'armes retarder & empescher ce dequoy nous estions si fort desireux. Mais ils respondoient à nostre frere, qu'ils n'estoient point là venuz pour nous priuer du sainct martyre, ains leur desir estoit d'en estre participans, de sorte que si c'estoit la volonté du Roy de les faire mourir pour la querelle de la foy & religion, soudain sans plus attendre, mettans les armes bas, flechissans les genoux, leuans les mains au ciel, tendroient le col au glaiue du bourreau. Mais d'autant que ceste prescription ne procedoit du Roy, ains de la malice & peruersité de Cicacata & tournoit

au mefprix de la foy, n'eftoient refoluz de de-
meurer les bras croifez, & fans fe mettre en
deuoir de defenfe auec le peril de leur propre vie:Et ce d'autant plus qu'ils ne doubtoiét
aucunemét qu'en ce faifant ils ne feiffent fer-
uice au Roy & chofe trefagreable à la diuine
maiefté.Si bié qu'en cachettes & à noftre de-
fçeu ils feirent amas de grand nôbre d'arque-
bufes,arcs, fleches & autre attirail de guerre.
Ce temps pendant nous eftions en prieres &
oraifons, & le pere Cabral fe confeffa genera-
lement & d'heure en heure attendions l'eue-
nement tant & tant fouhaitté.Quant aux paremens de l'Eglife, le pere iugea qu'il n'eftoit
neceffaire de fauluer rien autre que certains
calices,la cuftode & quelques reliquaires, &
tels autres ioyaux d'argent. Ce qui fut tout
mis dans deux coffres,defquels en voulufmes
bailler en garde vn a vn gentil-homme, à fin
que noftre mort aduenant, il le rendift au pere Iean Baptifte,qui fait fa refidence à Funay,
ou fi luy encores mouroit, à quiconque feroit
fuperieur de noftre Compaignie en l'Ifle du
Iappon.Mais le bon gentil-homme ne le voulut accepter, difant:Mon pere,fi vous eftes en
danger, affeurez vous que ie courray la mefme fortune,puis que fouftiens la mefme que-

relle , & ainſi touſiours voſtre coffre ſeſgare-
ra. Toutesfois voyant le beſoing i'en tiendray
propos à ma femme & le luy bailleray en char
ge. S'eſtant donc retiré en ſa maiſon, il en con-
fera auec ſa femme , laquelle eſtoit vñe prin-
ceſſe de fort noble maiſon , laquelle feit ceſte
reſponſe à ſon marry : Il me ſemble choſe fort
eſtrange , qu'attendu que les peres doibuent
ceſte nuict endurer le martyre & que vous
meſmes eſtes totalement reſolut de leur tenir
compagnie, me vueillez perſuader de demeu-
rer à garder leur argent priuee du ſainct martyre. Retournez hardiment en l'Egliſe, car
ſoudainement ie vous ſuy auec le reſte des
Chreſtiens, & quoy que ie ſçeuſſe deuoir e-
ſtre maſſacrée au milieu du chemin ne lairray
pourtant de vous venir trouuer. Et ne la pouuant perſuader de ſe mettre en repos & de de-
meurer en la maiſon, luy demãda ſon aduis &
ce que lon pourroit faire de ce coffre , &
en ſomme l'vn & l'autre iugerent qu'il ſeroit expedient de le bailler en garde à l'vne de
ſes douze damoiſelles, de la loyauté deſquel-
les ne faiſoient aucune douté. Car elles e-
ſtoient ſemblablement Chreſtiennes. Mais
il n'y en eut pas vne qui ſy voulſiſt accorder,
allegans pour leur raiſon auec vne force &

conſtance admirable, que leur reſolution e-
ſtoit d'endurer & ſouffrir la mort auec leur
dame & maiſtreſſe & tous les autres
Chreſtiens:partant ne ſçachant plus que faire,
fut contrainct de le mettre entre les mains
de ſon beau pere encores payen : toutesfois
homme noble & fauorit du Roy & de la
Royne, laiſſant par memoire ce qu'il feroit
apres ſa mort des meubles & ioyaux qui e-
ſtoient dans ce coffre. Nous deliberions de
bailler l'autre coffre à vn ieune ſeigneur,
frere aiſné du ſuſnommé, lequel auoit vn Palais pres de l'Egliſe, fort & bien muný, la femme duquel eſtoit niepce de la Royne : mais
ny luy encores le voulut receuoir, aſſeurant
que ſa reſolution finale eſtoit de mourir a-
uec les autres, & de fait il n'attendoit rien autre auec toute famille, qui eſtoit grand nombre de ſeruiteurs, de gentilshommes & damoiſelles, que le premier ſigne & aduertiſſement pour ſ'en venir à l'Egliſe pour recep-
uoir le martyre. Dont les Gentils voyans l'in-
croyable ferueur de ces nouueaux Chreſtiens, eſtoient remplis de merueilles, & nous
autres, pour confeſſer la verité, de grande honte & confuſion, & par ce que Dom
Sebaſtien pour cauſe & raiſon de certains

propos eſtoit en picque auec ſon oncle Cicacata,& ne luy parloit : luy ayant le Roy fait tel
commandement, il voulut encores luy ſe retirer en noſtre Egliſe,& ſil fuſt ainſi arriué,
mourir enſemble auec les autres:mais à fin de
n'exciter quelque tumulte & emotion,il trouua plus expedient de ſabſenter. Ce qu'il feit
laiſſant là ſes trouppes & ſen allãt vers le Roy
& vers le Prince ſon frere,ayant au preallable
enchargé à aucuns des ſiés , qu'aduenãt quelque trouble ils ne feiſſent faute de luy en donner ſoudain aduertiſſemẽt, à fin qu'il euſt ceſt
heur que de ſe retrouuer auec les autres, & ſi
toute la nuiƈt il ne ceſſa d'enuoyer d'heure à
heure hõmes expres pour eſtre certioré comme tout ſe paſſoit. Enuiron la minuiƈt nous
entendiſmes que l'on frappoit bien fort à la
porte de l'Egliſe,& y accourãs viſtemens ayãt
ouuert la porte trouuaſmes que c'eſtoit vn
grand nombre de femmes Chreſtiennes , entre leſquelles eſtoient trois grandes dames &
pluſieurs autres de grand qualibre, leſquelles
ne ſouloient ſortir de la maiſon ſans bonne
compaignie de gens à pied & à cheual, & viure tellement retirees , que meſmes elles ne
parloient à leurs propres couſins germains,
ſinon par lettres ou par perſonnes interpoſees.

Et neātmoins eſtans leurs marys dans l'Egliſe ne feirent aucune difficulté de venir en i-
celle, eſmeuës principalemēt du deſir du martyre: parmy icelles eſtoit la femme de celuy
qui n'auoit voulu receuoir le coffre, laquelle
pouſſee du zele & ferueur, & craignāt de ſortir par la porte de ſa maiſon, à fin de n'eſtre
decouuerte de ceux de la maiſon de ſon pere
& mere, pour encores payens, demourans
tout ioignant d'icelle, feit rompre & abbatre
vn pan de muraille de ſō Palais par ſes chambrieres & damoiſelles: en ſortāt auec ſa trouppe
par ceſte breſche, ſ'en alla trouuer vne autre dame qui l'attendoit auec bōne deuotion,
& vindrent toutes deux parmy l'obſcurité de
la nuiᶜt iuſques à noſtre Egliſe. Le pere ſ'eſ-
ſaya & feit tout ce qu'il peut pour leur faire
rebrouſſer chemin, & les faire retourner en
leurs maiſons, mais il perdit ſa peine, & ne fut
en ſa puiſſance de faire qu'elles ne demeuraſ-
ſent tout le long de la nuiᶜt en priere & oraiſ-
ſon auec vne ioye & conſolation ſinguliere &
vn deſir du martyre admirable: &, ainſi que
par apres nous l'auons entendu de leurs propres marys, vne chacune d'elles portoit ſecretement ſoubs leurs riches accouſtremens, dōt
elles ſ'eſtoient parees, comme pour vne grāde

fefte,leur petit piftolet,& dague, ou traquet,
non ia pour nuire à l'ennemy, mais pluftoft
pour l'agaffer & prouocquer, aduenant que
pour le refpect du fexe, ou autrement il voulfift vfer de mifericorde , & par confequence
les priuer de la couronne du pretieux martyre. S'y trouua encores vne autre dame de
maifon femme d'vn coufin germain de la
femme de Cicacata noftre grand,& intime
amy,& fort bon Chreftien, laquelle ayant vn
fils vnique aagé de fix ans le print entre fes
bras & feit tant qu'en le breffant il f'endor-
mit.Et alors elle le laiffa fur fon lict, & arriua
en noftre Eglife auec toutes fes chambrieres
fur la poincte du iour,fe perfuadant que ce
que les ennemis n'auoient fait de nuict, ils
l'executeroient de iour. Que fi ie voulois ra-
comter par le menu toutes les particularitez
qui ont peu eftre remarquees en ceft accidét,
ie ferois par trop prolixe & ennuyeux. Tát y a
qu'on y veid chofes de fi grande confolation
& allegreffe, qu'elles feroient fuffifantes pour
enhardir & encourager les plus lafches & bas
de cœur , & pour perfuader que cent mille
vies feroient plus que mieux employees pour
l'inftruction & endoctrinement de ces pauures Chreftiens. Il y a ia vingt iours que cefte

trauerfe & perfecution de l'Eglife dure,& encores ne cesse la malicieufe Royne d'excogi-
ter les plus fubtils & plus rufez moyens pour
mettre à fin fon malheureux deffaing qui
n'eft autre, finon de côtraindre ces nouueaux
Chreftiens à faire banque-route à la foy & religion qu'ils ont ia profeffee.

Pendant ce temps le Roy defpefcha vn
Chreftien vers le pere Cabral,pour l'aduertir & luy dire qu'il eftoit deuëment informé,
que toutes ces algarades & machinations ne
procedoient d'ailleurs que de la trame de ma
dame la Royne, & que partant il euft eu bon
defir de la repudier & chaffer de fa maifon
royale, mais confideré qu'elle auoit efté fa
femme par l'efpace de trente ans, & qu'il a-
uoit eu d'elle fix ou fept enfans, il fe doutoit
fort que fil euft effectué fon defir, cela fuft e-
fté occafion de beaucoup de reuoltes & fedi-
tions parmy tous fes royaumes, & par ainfi
puis que mefmes le pere Cabral auoit ia
propofé & refolut de f'en aller au Royaume de Figen, qu'il voulfift hafter fon departement, & menaft quant & foy noftre
frere Ieã, qu'auec le temps les chofes fe pourroient appaifer,& mefme efperant que par ce

moyen les affaires se raccoyseroient & luy-
mesmes se pourroit aduiser de quelque bon,
expedient, remede à la presente necessité. Et
touchant l'Eglise qu'il ne feist aucune doute,
que quand le besoing l'eust ainsi recerché, luy
mesme en personne auec Dom Sebastien se
seroit mis en deuoir pour la garentir & defendre, & en presence de plusieurs grands seigneurs feit vne grande exclamatiõ, disant tout
haut auec cholere, Qui sera si osé & temeraire
que de prendre la hardiesse de molester ou
bouleuerser l'Eglise, l'Eglise dis-je laquelle
i'ay soubs ma protection & sauuegarde, & à
laquelle il y a ia tant d'annees, que i'ay conti-
nuellement porté faueur & appuy?

Le pere Cabral pour response luy enuoya
par le mesme Chrestien certains poincts &
articles lesquels estoient tels en substance:

Premieremẽt, Que nostre profession estoit
de prescher la vraye loy de Dieu auec paroles
& œuures, n'espargnans en cest affaire ny le
sang ny la vie, & n'ayans autre but que le salut
des ames principalement, & puis aussi la con-
seruation & entretenement des peuples en
l'obeyssance & amour qu'ils doibuent à leurs
seigneurs, les enfans à leurs peres, & les seruiteurs à leurs maistres. Et par ce que nous nous
occupons

occupions à si saincts exercices nous estions
ennuiez, & malvouluz de plusieurs, lesquels
desiroient d'aneantir la loy de Dieu, & faisoient tout leur effort de mesdire & detracter
de nous aupres du Roy, & d'esteindre, & asso-
pir en luy l'amitié, & bien-vueillance, qu'il
nous auoit tousiours porté, & retarder le progrez, & auancemét de la conuersion des pauures ignorans & aueuglez. Le second article
portoit que nous tous par la grace de Dieu e-
stions prests & disposez auec vn grand courage d'abandóner la vie, les temples materielz,
& toutes les petites richesses, qui estoient en i-
ceux, pour l'assertió, & defence de la sinceri-
té & verité de nostre saincte foy. Le troisiesme reduisoit en memoire à sa maiesté, cóm-
bien long espace de temps il y auoit, que
nous auions faict residence en ce royaume,
nous fatigans iour, & nuict sans porter nui-
sance à personne, seulement pour le seruice,
& honneur de nostre Dieu, Seigneur de l'v-
niuers, & cerchans conformément a nostre,
profession de correspondre à tant de benefi-
ces, qu'auions receuz de sa maiesté, comme du premier Roy qui nous auroit receuz
en ceste isle du Iappon & és pays de son o-
beyssance, outre les graces particulieres & fa-

D

ueurs signalees que durant tout ce temps il
nous auroit faictes : consideration qui nous
auroit esmeuz à prendre toutes les peines &
fatigues du monde pour reduire ses regnico-
les & vassaux à la cognoissance du vray Dieu,
& pour leur apprendre la fidelité & obeyssance, laquelle si yuant la loy de Dieu ils doiuent
à leur Roy & Prince naturel.

Le quatriesme seruoit de responce aux
aduersaires & haineux de la foy, lesquels
nous mettroient sus toute la faute de cest inconuenient l'exaggerans & crians sans cesse
qu'il estoit suffisant pour renuerser de fond
en comble tout l'estat du royaume, & leur
monstroit-on que ce n'auions-nous point e-
sté qui auions soubleué vne si grande esmeu-
te, ains plustost Cicaeata son cousin, lequel
debuoit premier meurement & prudemm-
ment considerer le tout, & n'aller point ainsi
à tastons & à l'aduenture pour puis apres
penser pouuoir aysément rabiller ses inad-
uertances & desseins hazardeux & temerai-
res entreprinses au detrimét nuisace & dom-
mage de la pauure Eglise de nostre Seigneur
Iesus affligee à tort & sans cause (comme de
tout temps) combien qu'elle n'en peult mais:
& que ce n'est sa faute, ains en est du tout in-

nocente : Toutesfois ſi Cicacata ſe conten-
tentoit de permettre que Simon perſeueraſt
conſtant & ferme en la loy & religion qu'il
auoit iuree, & ſ'il promettoit de n'exciter à
l'aduenir ſemblablés bourraſques & trage-
dies le pere ſeroit fort ayſe de luy dõner ſa vie,
d'abondant luy mettre entre les mains la teſte
de noſtre frere Iean.

Au cinquieſme on maintenoit fort & ferme que le bruit qu'on faiſoit courir eſtoit
plein de menſonge & calomnie, à ſçauoir que
noſtre intention n'eſtoit autre que de retenir
Simon dedans l'Egliſe pour nous ſeruir de
luy comme d'vn bouclier & rempart aſſeuré.
Mais qu'il eſtoit bien veritable qu'eſtant Simon ieété au milieu de la flamme de la perſe-
cution nous ſouhettions qu'il s'en vint à l'E-
gliſe comme à vn ſeur aſyle puis qu'il eſtoit
Chreſtien, & auions opinion en ce faiſant de
faire choſe aggreable à Dieu, encor que pour
l'ayder & ſecourir en vne ſi grande detreſſe
nous deuſſions deſpendre & conſumer tout
ce qui ſe pourroit finer des Egliſes du Iappon
& voyre meſmes de toutes celles qui ſont és
Indes ſoubz le gouuernement & adminiſtra-
tion de noſtre compagnie.

Le Roy respondit à ces articles. Et quant
au premier qu'il n'estoit ia besoing de luy faire plus grand narré, & recit de tout ce que
dessus, d'autant qu'il en estoit deuëment informé, ayans les peres faict residence en ses
prouinces, & royaumes l'espace de vingt sept
ans, & ce auec son grand contentement, & e-
dification.

Au second qu'il auoit bien congneu par experience que les peres estoient tout prests, &
disposez à tolerer, & souffrir toute sorte de
persecutiõ pour la defence de la loy de Dieu.
Au demourant qu'il estimoit, qu'il y alloit de
son honneur de defendre l'Eglise qu'il a-
uoit vne fois prise soubs sa protection, & sauuegarde, de sorte que quoy que Cicacata luy
appartint & ne luy fust beaucoup inferieur en
extraction, & noblesse de race, si est-ce qu'il se
declareroit son ouuert ennemy, aduenant
qu'il brassast derechef la ruine de l'Eglise,
mesmes que si son propre fils (lequel pour le
present à le gouuernement du Royaume) en-
treprenoit le mesme, ne luy feroit aucune gra
ce, ny pardon: ains se pourroit asseurer de perdre la teste. Au troisiesme, que venant par
mer de la Chine au Iappon il eut en sa compaignie plus de trois ans entiers vn certain

Portugais, lequel guerit le Roy d'Amanguc-
ci fon frere d'vn coup d'arquebufade, duquel
il fenqueroit fort volontiers des affaires de
Portugal,& des Indes,& fur tout de l'eftat, façon,& maniere de viure des religieux. Chofe qui l'efmeut de forte,que pour en eftre certioré,depefcha tout expres, il y a ia vingt fix
ans, vn fien gentilhôme vers les Indes Orien-
tales, lequel y fut reduict, & fen retourna
chreftienné, & qu'il entendit d'iceluy que, ce
que luy en auoit raconté le Portugais, eftoit
bié peu de cas au refpect de ce qu'il auroit veu
& que cecy luy auoit de beaucoup augmenté
l'affectiõ que de fon propre mouuemét il portoit à noz peres. Au quatriefme qu'il regraci-
oit noftrepere de ce qu'il luy auoit faitentédre
côme le principal motif de toutes ces efmeu-
tes n'eftoit autre que Cicacata. Ce queiufques
à prefent il n'auoit peu defcouurir. Qu'il con-
gnoiffoit tresbien que les Roys font heureux,
qui peuuét tenir leurs monarchies, & princi-
pautez en repos, & tranquillité, & au contraire infortunez. Ce qu'il recongnoiffoit ne pro-
uenir d'ailleurs que du mauuais & desbordé
reiglement des Roys mefmes, & de ce, que
plus fouuent ils fauorifent, & entretiennent
l'iniuftice : & que partant il eftoit refolu de

traicter ferieufement de toutes ces affaires
auec fon fils & auec plufieurs autres des premiers & plus fignalez de tout fon royaume.
pour par ce moyen y apporter remede conuenient & opportun. Et depuis adioufta qu'il
fçauoit tresbien que ce que les payens ennemis des Chreftiens leur auoient impofé, e-
ftoit malicieufement controuué, Scauoir
eft, que la ruine deftruction d'Amaugouci
& de Meaco eftoit arriuee par ce qu'on auoit
librement annoncé & prefché la loy de Dieu,
en cefdites côtrees:confideré que le malheur
n'auoit prins fa fource de ce commencement
comme il eftoit à tous euident & notoire,
ains pluftoft de ce que les Roys auoient con-
niué & diffimulé les torts griefs & iniures
que leurs lieutenans & autres magiftrats fai-
foient d'ordinaire à leurs pauures fubiects &
vaffaux.

Au cinquiefme il faifoit refponfe que fon
deuoir le recerchoit d'efpoufer la querelle
de Cicacata de forte que quant bien fon pere feroit eftat de le chaffer de fa maifon & de
le renuoyer à Meaco,luy pourtant ne l'aban-
donneroit,ains fuyuant fon premier deffeing
ne feroit faute de luy doner fa fille, nonobftant que pour lors elle fuft de fort bas aage,&

adiousta disant, si ie prens les torts & iniures
faictes à ces bons peres és royaumes forains
& estrangers comme faictes à moymesmes, à
côbié pl⁹ forte raison me ressentiray-ie de ce
qu'on leur fera és pays de mõ obeyssancc ? De
tout cecy estoient bien certiorez la Royne &
Cicacata, & neantmoins ne cessoient aucunement de fleschir & alterer le courage du Roy
& du Prince, & si furent tant importuns, que
le Roy pour ne monstrer de faire peu de cas
d'iceux fut contrainct & necessité d'enuoyer
dire à Simon que s'il estoit possible il dissimu-
last la foy & religiõ qu'il auoit professee pour
quelque peu de iours à fin que son pere ap-
paisast sa cholere, & que au demourant il luy
donneroit sa fille, laquelle peu de temps a-
pres à sa propre requeste & solicitation se feroit Chrestienne aussi bien que luy. A cecy
respondit Simon que toutes autres choses se
pourroiét couurir & dissimuler hormis & ex-
cepté la foy, le priât bié humblemét que puis
qu'il estoit Chrestié sa maiesté ne voulsist permettre que pour vne si saincte & si iuste querelle il fust si laschement & indignemét traité
& si par autre voye il escriuit au pere Cabral,
luy donnât aduertissement qu'il n'eust à con-
descédre en aucune façon ou au Roy ou à son

D iiij

pere. és chofes de fa religion,& falut par ce,
qu'il pouuoit croire d'affeurance, que luy,
moyennât l'affiftence de Dieu , ne flefchiroit
iamais, ny par peine ny par tourmés, ny mefmes par la perte de fa propre vie.

Eftâs les menees de Cicacata rapportees à
Dom Sebaftié, il luy enuoya foudain deux de
fes gentilshômes pour luy faire entêdre, que
ores que le Roy fon pere l'euft amené en l'E-
glife, & euft affifté à fon baptefme, toutesfois
il n'auoit efté incité à receuoir la foy pour ces
confiderations:ains par ce,qu'il auoit efté furmonté,& vaincu par l'energie, & force de la
verité: que l'intention de fondit pere en ce
cas n'auoit efté autre , finon qu'il auoit iugé,
que fa conuerfion pourroit eftre moyen &
occafion trefpropre pour l'amplificatiõ,& ac-
croiffemêt de la foy parmy to⁹ fes royaumes:
de façon que,luy entreprenât de detracquer,
& desbaucher Simon de la religion venoit à
defprifer ce,que luy,& fon pere auoient en
grande eftime,& reputation, & partant qu'il
entendift que ceft affaire concernoit fon
honneur,& qu'il confideraft foingneufement
comme il le traiteroit, puis qu'il ne pouuoit
ignorer, qu'il auoit pris les peres pour guides,
& maiftres és affaires appartenantes au falut

de son ame : Qui estoit la cause, qu'il alloit
tous les iours en leur Eglise, & lors qu'il en-
treprendroit de massacrer les peres, & bouleuerser leur Eglise , qu'il considerast sur qui
pourroit par apres tomber le deshonneur,&
vitupere. Et outre plus disoit, que iaçoit que
l'entreprinse n'eust esté effectuée, neátmoins
l'iniure, qu'en cecy luy estoit faicte, demeu-
roit tousiours en pied, & ensemble l'occasion
iuste d'en prendre la vengeance en temps &
lieu propice, & ne luy sembloit chose, qui se
deust souffrir ce, que Cicacata auoit commandé, de mettre à mort indifferemmét ceux
de ses seruiteurs, qui s'ingereroiét a porter nou
uelles, & autres despesches à Simon: & suiuát
cecy qu'il vouloit, qu'il sçeust, que luy mesmes feroit le semblable, & vseroit de parolle
courtoise vers tous ses seruiteurs, qu'il pourroit rencontrer : & qu'il l'eust volontiers plustost certioré de sa resolution, s'il n'eust esté
empesché du Roy son pere, lequel auoit prins
sur soy tout cest affaire , l'asseurát qu'il la me-
neroit à fin sans detrimét de l'honneur, & reputation de son fils.

Vn chacun peut penser combien fut en-
flambee la fureur de Cicacata & de la Royne,
à l'occasion de ceste assemblee. Certes la

Royne n'auoit honte de crier tout publique-
ment qu'elle ne tenoit Dom Sebaftien pour
fon fils, & requit inftamment le Roy de laiffer paffer ainfi à la legere vn negoce de fi
grande confequence, confideré qu'elle tenoit
de bonne part que les Chreftiens s'eftoient
liguez par enfemble, prenans pour chefs &
conducteurs Dom Sebaftien & Cicacata,
qu'il ouurift les yeux a bonne heure, que fi
les Chreftiens eftans fi petit nombre don-
noient tant à faire & feruoient le Roy fi def-
loyaument que feroient-ils fils multiplioient
& croiffoient en grand nombre? & que pour
cefte caufe il auroit efté expedient d'obuier
à bonne heure & au commencement, exter-
minant du tout cefte mauldite race deuant
que la defolation extreme du royaume f'en
enfuyuift ou quelque grand & deplorable ef-
clandre, fi comme pour femblable occafion il
eftoit aduenu à plufieurs autres Roys: comme ainfi foit qu'en quelconque part que les
peres euffent mis le pied toutes chofes y e-
ftoient allees fans deffus deffoubs, amenant
en ieu pour preuue de fon dire plufieurs
faulx exemples deduicts & narrez auec fi
grand aigreur & efficace par la mere au fils,

& par l'oncle au nepueu encores Iennaſtre &
Gentil qu'ils eſtoient baſtans d'extorquer de
luy commandement expres à ce que tous les
Chreſtiens fuſſent taillez en pieces ſi la bonté
de Dieu n'euſt eſté noſtre ſupport & ayde op-
portune laquelle au milieu des loups a eu ſi
grand ſoing de ſes pauures ouailles que rien
de tout cecy n'a eſté ſuffiſant pour aigrir le
cœur & volunté du Roy & du Prince à l'encontre de nous: bien que le Prince deſirant
complaire en quelque petite choſe à ſa mere
enuoya dire au Pere qu'il eſtoit treſ-affection-
né à Cicatora pour les rares & inſignes qualitez dont il eſtoit doué & que par tât il fuſt en
aſſeurâce & qu'il ne ſe doubtaſt de ſes aduer-
ſaires, puiſque meſme deſia les noſtres auoiét
peu cognoiſtre combien grandement il e-
ſtoit affectionné vers la loy de Dieu & quel
deſir il auoit quelle ſe dilataſt par tous
ſes Royaumes, dequoy il auoit donné bien
clair & manifeſte argument lors qu'il per-
mit que ſes petis enfans receuſſent le Bapteſme. Ce neantmoins qu'il ne pouuoit
prendre en bonne part ce qu'on faiſoit courir, Sçauoir, que les Chreſtiens (leſquels auoient eſté ſi bien & humainement
receuz audict royaume du Iappon) ayans

traiftreufement coniuré contre leur Roy, fai-
foient eftat de fuiure Cicacata en quelcõque
part, qu'il fe retireroit, dont auroit defir d'entendre, fi la loy de Dieu contenoit tels commandemens, ou non: confideré que, f'il eftoit
ainfi, tous fes royaumes feroiér pour en receuoir en brief grand preiudice, & peril extreme. Le pere pour refponfe, le regracia bien
humblemét pour l'embaffade tant fauorable
& pleine d'affection, qu'il f'eftoit daigné
luy enuoyer. En aprés l'affeura de iamais n'a-
uoir ouy chofe femblable : Que toutesfois il
eftoit bié vray que Dom Sebaftien auoit promis á Simon toute faueur, & amitié, aduenant
que les chofes allaffent mal pour luy, fi comme encor faifoit le Roy, & femblablemét fon
Alteffe. Au refte que la loy de Dieu portoit ex
preffement que les fubiets pretaffent toute o-
beyffance à leurs Princes, & Roys en toutes
les chofes, qui ne contreuiendroient à cefte
mefme loy. Ce que l'experiéce auoit toufiours
mõftré au pays du Iappon.

    Aprés tout cecy reftoit encores à Simon
de paffer vne autre trauerfe, car à la pourfuite,
& folicitation de la Royne, & de Cicacata fe
meirent enfemble les fix principaux feigneurs, qui ont en main le confeil, & gouuer-

nement de ses royaumes, & prenant pour
chef, & pour guide vne des sœurs de la Royne, de commun accord s'en alloient vers Simon pour le corrompre, & peruertir : mais
dés aussi tost, que Simon entendit que ceux-
cy estoient venuz pour parlementer auec luy,
il se pensa bien pourquoy, & à quelle fin ils e-
stoient là conduicts, & print resolution de ne
leur donner audience, leur enuoyant dire,
que s'il croioit luy estre loysible d'appointer
leur demande, ne seroit desdaigné de de-
scendre pour leur parler : mais d'autant que,
estant desia Chrestien, il estoit plus obligé de
satisfaire à la loy de son Dieu, que aux desirs
& ceremonies des hommes, il se doutoit fort
qu'il ne leur pourroit donner telle responce,
qui les rendist contés, & satisfaits, & que partant il les supplioit se retirer sans plus attendre.

Pour vray, mes treschers freres, les inuen-
tiõs, & cautelles de l'ennemy ont est, admirables tendentes aux fins d'abbatre, & culbuter
ceste colomne, & par mesme moyen bouleuerser tout, ce que par l'espace de trente ans
auoit esté basty, & edifié en la cité de Bungo.
Mais la prouidence de Dieu nostre Seigneur n'a point esté moindre pour la conser-

uation de ses esleuz ny sa puissance pour recueillir de tresgrands biens de si grãds maux,
consideré qu'auec ceste occasion l'energie &
efficace de la grace diuine s'est bien fort descouuerte. Et ces nouueaux Chrestiens ont
donné preuue & argument de la foy qu'ils te-
noient comme cachee & enseuelie au milieu
de leurs ames par le moyen des œuures principalement de l'amour & charité qu'ils ont
monstré vers Dieu,& les plus douillets & de-
biles ont esté merueilleusement encouragez
par la vertu de tels & si vifs exemples & aucuns autres qui par laps de temps s'estoient
attiedis ont esté enflambez, & sont pour le
iourd'huy les plus feruens du monde, & fina-
lement plusieurs d'entre les Gentils espoin-
çonnez d'vn tel exemple sont venus à la foy,
desquels le pere François Cabral en à baptizé
vingt & trois & parmy eux vn grand Chescui
fort estimé des Bonzes. Le baptesme duquel
fut honoré de la presence de Dom Sebastien
& d'vn banquet que ce ieune Seigneur donna à l'assistance. La conuersion de ce Chescui
a esté d'autãt plus admirable qu'il s'estoit par
le passé mõstré opiniastre & obstiné en sa fau-
se opinion,en laquelle il auoit demeuré tous-

iours ferme & conſtant, ſans ſ'en vouloir laiſſer deſtourner d'vn ſeul poinct, ny par doul-
ces paroles & remonſtrances ny par aucun
autre moyen. Car quoy que le ſeigneur
duquel il eſtoit vaſſal, & autres ſix perſonnes à
luy bien fort intimes apres auoir receu le bapteſme ſe forçaſſent par tous moyens de le
gaigner ſ'il ne ſe ploya-il iamais par l'eſpace
de trois ans, & neantmoins auec le ſeul exemple de la conſtance & fermeté des Chreſtiés
eſt venu de luy meſmes à noſtre Egliſe, aſſeurant qu'il eſtoit reſolu de receuoir la couronne du martyre & à ces fins demáda le bapteſme pour ſoy, ſa femme, ſes enfans & toute ſa
famille, auquel & à pluſieurs autres eſmeuz
ſemblablement d'vn tel exemple, nous fai-
ſons tous les iours trois predications pour les
diſpoſer au bapteſme, & y a grand nombre de
nobleſſe qui n'attend que l'occaſion & op-
portunité pour venir ouyr, & les meſmes
Gentils aperceuans le zele & deuotion ſi rare
des Chreſtiens, & reiectans la mauuaiſe opinion qu'ils auoient eu par le paſſé furent
remplis d'admiratió & eſtonnement, proferát
pluſieurs paroles grandement differentes
de celles que premieremét ils debagouloient
auec grande audace & d'vn cœur ſuperbe,

fe truffans & mocquans de la loy du fouuerain. Et fi d'auantage, la diuine bonté n'a laiffé
fes aduerfaires, & les noftres enfemble fans
admonitiõ paternelle, f'ils l'euffent prinfe en
bonne part, & f'en fuffent voulu feruir, & garder. Car la veille de la Pentecofte eftantl a
Royne Iefabel forcenee de rage, & fureur
contre l'Eglife Chreftienne, foudainement
fut aggreffee du diable qui la tra icta de forte,
que fix perfonnes robuftes, & gaillardes ne la
pouuoient tenir, dont les Gentils font en toutes les peines du monde: & ne ceffent offrir
facrifices & oblatõis à la gentilefque, que faire pelerinages, vœux, & chofes femblables:
mais s'apperceuans, que rien ne proffite, & ne
retouuans, ny fecours, ny aydé en leurs idoles, ils ont eu recours aux remedes naturels,
& faict-on courir le bruit, qu'ils ont enuoyé à
Meaco querir en pofte vn medecin le plus
renommé de tout le Iappon auec promeffe
de trois mille efcus: fi fort trauaillent ils de
couurir l'inconueniét, à fin qu'on ne die que
c'eft punition de Dieu : confideré mefme-
ment que les medecins payens en font là
refoluz, qu'elle n'a autre maladie, finon de
Satan, qui pour fes pechez la bourrelle.
Par

Par le moyen dece fleau la tormente de l'E-
glife s'acoyfa pour vn peu, la Royne nous fi-
gnifiant, que ce feroit la derniere perfecution,
qu'elle brafferoit contre nous. Plaife à noſtre
bõ Dieu, que fi ſõ corps eſt affligé, l'ſprit pour
le moins en foit garéty, & ſauué.   Et quant à
la ſœur de la Royne, elle n'a eſté fans punitiõ,
car il y a trois iours que le feu bruſla, & cõſu-
ma tout fon palais, fans q'une milliace d'hommes qui y accoururét, y peuffent dõner ordre:
tãt feulemét efchapperét ce furieux embrafe-
ment certains edifices, que Dom Sébaſtiẽ ia
Chreſtien y auoit dreſſé, non obſtant q'uils fuffent conioinéts au corps dudict palais, qui fut
bruſlé. Ie laiffe à part pour n'eſtre trop prolixe,
pluſieurs autres particularitez, quoy q'uelles
foient de grande confolation, & m'en viens à
la concluſion.   Mes bien-aymez freres, l'hy-
uer paffa bien toſt apres, & les fleurs f'appareu-
rẽt en noſtre terre, le Roy defpefchãt vn fien
familier pour dire au P. François Cabral, quil
auoit occaſiõ de rendre graces immortelles à
Dieu, & de foy r'allegrer auec tous les autres,
puifque l'affaire eſtoit venu au port, qu'ils pre-
tẽdoiét, & nº auec tous les Chreſtiés auions
fouhaitté. Biẽ que pour tout cela il ne fe deuoit endormir, ains pluſtoſt s'adextrer & pré-

E

dre toute peine à ce que l'honneur de Dieu &
de l'Eglise ne fuſt à l'aduenir aucunement in-
tereſſé, ny Simõ reculaſt en arriere de ſon bõ
propos, n'y Cicacata euſt occaſion de s'aigrir
dauantage s'il voyoit que ſon fils le deſpriſaſt
& portaſt plus d'affection aux Peres qu'à luy
meſme, & que pour le preſent Simon perſe-
ueroit en la religion, & quoy que ce fuſt contre la volonté de ſon pere, ſi eſt-ce toutesfois
qu'ils eſtoient reconciliez enſemble, & l'ad-
uoüoit ſon pere comme auparauant pour ſon
fils & heritier, & adioutoit le Roy qu'on print
ſoigneuſe garde de n'abuſer d'vne tant ſigna-
lee & fauorable victoire, comme eſtoit celle
que par la grace de Dieu nous auõs obtenuë.
Ce qui ſe pourroit faire, ſi par nos aduertiſſe-
mens Simõ ſe deportoit enuers ſon pere auec
toute prudence & modeſtie, en ne ſe vantant,
ny ne faiſant choſe quelconque de nouueau,
qui peuſt vlcerer derechef la volonté de ſon
dict pere. Et oultre plus aduertiſſoit ſa Maieſté, les Peres & tous les Chreſtiens de ſe garder de venteries & faire ſemblant d'allegreſſe
exterieure à fin que cela ne depleuſt à Cicacata. En fin concluoit que pour le preſent il
nous auoit bien voulu ainſi ſuccinctement
aduertir de tout ce que deſſus pour nous de-

liurer de tout chagrin & folicitude, & que
par apres il traicteroit plus à loyfir auec
les Peres, plufieurs autres particularitez, en
quoy ils pourroient remarquer & cognoi-
ftre l'amour & l'affection qu'il nous portoit.

Pour refponce luy fut efcript au nom de
tous que nous regracions bien humblement
& affectueufement fa maiefté, & ne manque-
rions de prefenter humbles requeftes à noftre
Dieu à ce qu'il fe daignaft remunerer bien
largement vne telle faueur & courtoifie.
Le mefme iour nous feceufmes aduertiffe-
ment de Simon, de ceft heureux & fouhet-
té fucces, & du bon traictement qu'il receuoit de fon Pere, ne plus ne moins qu'au
parauant: Chofe qui l'occafionnoit de rendre graces infinies à Dieu qui l'auoit deliuré,
& aux Peres, & à tous les Chreftiens pour
tous les accidens qu'ils auoient voluntiers &
gayement fouffers & tolerez pour fon regard
& occafion. Bien que quant à foy, il luy def-
plaifoit fort de n'auoir efté digne de la couronne du martyre qu'il fouhaittoit auec
bonne deuotion. Voyla la fin de nos perfecutions, & en quelle façon & maniere

la diuine maiesté nous à secouru lors,que hu-
mainemét parlant nous n'attédions rié moins.

Estant Simõ remisen sa premiere liberté,
il vint à l'Eglise auec Dom Sebastien la veille
de la tressaincte Trinité sur la nuict. Ie vous
laisse à péser l'allegresse,que nous tous en re-
ceusmes. Le P. Cabral luy donna vn beau petit pourtraict de nostre Dame,qu'il receut
fort v olútiers,& estát ledit P. prest pour aller
au Royaume de Figé,le Prince luy enuoya de
don vn beau cheual,luy promettant,qu'a son
absence il tiendroit soubs sa protection particuliere,& l'Eglise,& Simon.

C'est tout ce que i'ay pensé vous debuoir
estre escript touchant c'est affaire. Et croyez
moy,mes freres,que se trouuer quelquesfois
en séblables destresses sert de beaucoup, voire aux plus lasches, & remis, par ce que l'hõ-
me se confioinct,& vnit plus estroitemét auec
son Dieu,& vit comme si d'heure à heure il
attendoit la mort. Ie me recõmáde bien affe-
ctueusement aux saincts sacrifices,& deuotes
prieres de tous. De Bungo ce sixieme de Iuin.
1577.

Par ordonnance du P. François Cabral.
Seruiteur de tous Loys Froes.

Du

NO v s auons esté certiorez par vne lettre du pere Figaredo resident à Facata, comme luy, & son compagnon ont esté en grandissime peril de leur vie, parceque la Cité leur auoit assigné pour demeure vn certain temple de leurs pagods où ils souloient faire certaines festes, ce que ne trouuant bon, & voulant empescher ledit pere, toute la cité s'esmeut de sorte qu'ils auoient resolu de massacrer tous les nostres: mais Dieu les secourut au besoin, & fist couler tellement ses sainctes graces sur ce peuple insencé, que plusieurs conuaincus de raisons peremptoires, que ce bon pere leur mist deuant les yeux, furent reduicts de leur aueuglemét, & tenebres espoisses à la claire, & rayonante lumiere de nostre saincte foy, iusques au nombre de quatre cens ou d'auantage.

Nous auons au semblable sceu par vne autre missiue de nostre frere Michel Vatz, que tout le Royaume de Dõ Bertelemy où il faict sa demeure, estoit conuerty de maniere, qu'é iceluy ne se voit payen ou aucun infidele, &

E iij

y ont esté celebrés de bien grands & celebres baptesmes, & vn entre les autres de mille & deux centz ames.

Nous auons encore entendu la mort de Don Andre Roy Dorima frere de Don Bertelemy lequel s'estoit conuerty lannee passée, & a laissé vn filz pour successeur, lequel suyuant la religion payenne dont il faict profession a donné cómencement a vne tres cruelle & sanglante persecution contre les Chrestiés nous auons toutefois bon espoir qu'il se conuertira auec tout son Royaume par ce qu'il est apres a prendre femme l'vne des filles de Don Bertelemy. Ce temps pendant plusieurs des nostres ont esté enuoyes par cy par la en plusieurs & diuerses regiós & Royaumes d'ou nous esperons grand fruit. Car ilz ont esté receus auec grand faueur & courtoisie des Roys & Potentas qui de leur propre motif nous auoient requis de ce faire. De tout soit gloire & honneur a la diuine Magesté.

COPIE D'VNE LETTRE
DV PERE ORGANTIN AV PERE
visiteur de l'Inde escripte du Iapon
le 20. de Septembre 1577.

NOus auons receu grand' consolation en nostre S. des lettres de vostre R. & du bó

nombre des ouuriers que vous nous auez én-
uoye ceste annee, & auec ce nous nous sommes tous renouueles, & auons prins plus grãd
cœur & courage pour trauailler en ceste haulte & louable entreprinse de la conuersion des
payés. Les nouuelles de ces côtrees de Meaco
sont la grace à Dieu asses bonnes, Ie les escri-
uis au Pere François Cabral afin qu'il en fist
part a vostre R. côme ie croy qu'il fera, consideré qu'il y a de fort grande côsolation pour
vn chacun. Le sommaire en est tel, du depuis
le cômencement du Karesme iusques a ceste
heure ont esté reduites à nostre saincte loy en
ces contrees plus de 7000. personnes, & pour
amener le tout à fin heureuse, desirons de re-
cepuoir de vous quelque bonnes personnes
pour nous aider, & côsideré que le fruict que
nous faisons en ces quartiers redonde au plus
grand bien de tout le Iappon ce ne seroit que
bien faict de nous enuoyer force bons ouuriers afin qu'iceux nous defaillans ne soyons
frustres du fruict que pourriõs attendre. Il est
necessaire que ceux qui viendront par deça
soient triez & choisis pour pouuoir dextre-
ment manier ceste Nation, en laquelle apres
tant dannees ie me trouue comme tout nouueau tant ils sont accors & bien aduisez.

Nous auons icy dreſſé vne egliſe à l'hôneur
de l'aſſumption de noſtre Dame, d'autát que
ce meſme iour le pere François Kauier abor-
da la prqmiere fois au Iappon, & eſt ſi bié, &
gentiment trouſſée, qu'elle rauit les yeux, non
ſeulement des Chreſtiens, ains auſſi de gêtils.
Et comme ce n'a eſté ſans grand trauail, auſſi
attédôs nous, que l'honneur, & reputatió des
Chreſtiens en ſera augmentée, & deſia en ap-
perceuôs no° quelques ſignes: car ainſi côme
la haine, que les payês nous portoiẽt, n'eſtoit
grande, & bien petite la reputation, en laquelle ils nous auoient, ainſi maintenát tous nous
honorẽt, & ne ſe trouue perſonne, qui detra-
cte, ou meſdiſe de nous, & de noſtre ſaincte
foy. Et non ſeulement celà arriue en ceſte ville de Meaco, ains ſ'eſtend encore le bon o-
deur de la doctrine de Ieſuſchriſt iuſques 'au
plus eſlongnées, & eſcartées Prouinces du
Iappõ, de façõ que ſans aucune côtradiction,
ou deſtourbier nous pourrons librement pu-
blier la parole de Dieu par toute l'iſle. Oultre
plus ont eſté faictes deux aultres grandes &
belles egliſes, l'vne en la forterſſe de Sanga,
l'autre à Voçaiama. Ie vous ſupplie au nõ de
Dieu de demander pour nous à ces ſeigneurs
de Indes quelque piece de drap d'or pour parer

rer noſtre egliſe:car vous ne péſeriez cõbien
ces Iapponois ſont curieux de toutes choſes
apartenátes aux ornemëts exterieurs de leurs
temples, & moſquees . Et ce faiſant ſeront
participans tous ces ſieurs de tous les fruicts,
que nous recueillirõs en ces quartiers du Iappon.

Nous auons celebré pluſieurs ſolénels ba-
pteſmes auec grand triomphe & alegreſſe,&
auons dreſſé pluſieurs belles, & grandes
croix en pluſieurs lieux auec gráde reuerence,& deuotion,de ſorte que pluſieurs payés,
& Idolatres,ſans qu'ils euſſent notice aucune
de la vertu & efficace de la ſaincte Croix,
pour voir ſeulement la deuotion ,& feruer
des Chreſtiens,eſtoiét pouſſez,& eſmeus de
nous requerir le bapteſme. Mais ne pouuant
Satan ſouffrir vn ſi grand fruict , entré qu'il
eſtoit corps de quelques Idolatres criant à
gorge deſployee, que ces croix empeſchoiét
grádemét l'hôneur,&progrés des loix Iappõ-
noiſes,partát qu'õ y pouruet à heure, autremét tout le Iappon s'en iroit a uaul de route,
& deſolation extreme, & leurs dieux les de-
laiſſants prendroient party ailleurs.

Trois lieües loing d'icy ſe voit vne mõtai-
gne fort haulte,& toute deſerte,où il y a vn

pagode ou temple dedié principalement au diable, auquel les Iapponnois accourent pour demander vengeance de leurs ennemys & pour autres effects pleins de meschanceté & pour ceste cause est reputé beaucoup & tenu en grande reuerence & veneration, & illec font demeure plusieurs Bonzes qui vacquent aux ceremonies accoustumees, & ont soin des ioyaux & paremens de ce temple. Ie ne suis iamais en compagnie des Chrestiens que ie ne leur tienne propos du grand desir que i'aurois de ruiner ce Pagode, & de sacrer ce lieu & en faire vn beau temple à l'honneur de monsieur sainct Michel Archange, & de planter au plus hault de la montagne vne fort grande croix, afin qu'on la descouurist de tous les endroits du Meaco, & estant descouuerte fust adoree de tous, me semblant chose indigne & mal à propos, que celuy lequel par sa fierté & superbe tresbucha du hault des cieux, maintenant fust adoré en vn lieu si eminent. Ie coniecture que ce mien desir vint aux oreilles des Bonzes qui ont charge de ce temple : car s'estans retirez vers Nabunanga dresserent des complaintes à l'encontre de nous, le supplians de nous prohiber & defendre de mettre la main sur cest idole, parce

qu'ils se doubtoiét fort qu'auenât qu'elle fust
deplacee de grands encombriers & desastres
ne s'en ensuiuissent. Mais ie me côfie que les
seruiteurs de Dieu auront le dessus, & quant
à moy i'ay bonne esperance qu'auec mes
mains ie ietteray par terre, & brusleray tous
ces monasteres & pagodes de ces pauures &
miserables abuseurs, afin que par ce moyen
i'apporte au diable plus grand peine & tour-
ment, & plus grand confusion à sa superbe &
arrogance. Et venant par deça vostre reuerence sans doubte aucune le seigneur Dieu nous
ouurira quelque chemin pour mettre afin ceste entreprinse & culbuté que sera le chef ne
sera difficile de bouleuerser les membres &
le reste de tous les Pagodes de tout le Iappon.

En vn de ces Royaumes qui sont sous l'hô-
mage du Roy de Meaco où il y a plus de quatre mille Chrestiés baptizez pour la plus part
de ceste annee, le seigneur d'iceluy nous per-
mist que puissiôs faire Chrestiés tous ceux de
la secte de Voiaca, & qu'ensemble prechis-
sions aux autres la saincte foy, afin que qui en
auroit le desir s'y rengeast selon qu'il iugeroit
estre plus expedient pour le salut de son ame.
Or cependant que nous nous disposions pour
vne telle emprise Sathan prenant la forme

& figure d'vn certain homme ancien appellé
Tigrin,lequel eſt tenu & adoré pour dieu de
ces pauures payens,luy chantãs des hymnes,
& louanges,apparut audit Seigneur, & par ce
meſme iour luy aduindrent pluſieurs choſes,
qu'il auoit de lõg tems ſouhaitées.Il attribua
le tout à l'aparitiõ, & faueurs de ce Tigrin, &
fiſt faire grand feſte,& ſolénité en l'honneur
d'iceluy, & enſéble feſtoya fort ſomptueuſe-
ment tous ſes principaux ſeigneurs,& gétils-
hõmes ,& en ſomme il fiſt deſpendre & conſumer toute ceſte iournee à chanter hymnes,
& louanges à ce Demon . Le demeurant du
peuple vaquoit à ſes ceremonies, & le Sacer-
dot alloit aſpergeãt,&arrouſant les vns, & les
aultres à tout de l'eau chaude . Mais le temps
pendant voicy le diable , lequel ces aueugléz
appellẽt le Dieu Tigrin, qui prét logis dedãs
ſon corps ,& par ſa bouche ſe prét à crier, & à
ſe plaindre de ce,que tous ſes ſeruiteurs luy
auroiẽt eſté enleués,choſe,qui le tourmétoit
fort, d'autãt qu'il eſtoit cõtrainſt de ſe ſeruir
ſoy meſme,& s'ẽ reſẽtoit d'autãt plus par-ce,
que l'inconuenient luy eſtoit aduenu en ſon
abſence, & cepédant ,qu'il n'eſtoit en ſa caſe,
ains ſe pourmenoit ça,& là parmy les mõtai-
gnes.Car il ſe faiſoit fort,que s'il eut eſté preſent

fent, n'euſt iamais ſouffert telle eſcorne. En
particulier il ſe plaignoit bié fort de moy, par
ce que retournât vne fois de celebrer vn bapteſme de quatre cents perſonnes, i'entray
hardiment auec les Chreſtiens au dedans de
ſon temple, & rüay par terre toutes les ſtatues
que i'y trouuay commädant aux Chreſtiens
de leur oſter les teſtes. Ce qu'ils exceuterét,
entre leſquelles ſtatues il y en auoit deux en
forme de lyons, leſquels ſelon l'opinion de
ce vulgaire abeſtiſſoiét les Seruiteurs & anga-
ges de ce grand Dieu. Or cependant que le
Roy eſtoit au plus grand de la feſte, & que ce
pauure endiablé vrloit voicy venir côme vne
nue de cailloux, qui leur donnerent ſur le dos
auec vne ſi grande furie, & veheméce, qu'ils
prindrent tous la fuitte. Tellemét que de plus
de vingts milles perſonnes, qui eſtoiét à la feſte, n'é demeura vn ſeul, ſi gráde eſtoit la multitude des cailloux, & l'effroy, & terreur, qui
leur chauſſa les eſperôs, & ſi iamais ne peurét
deſcouürir, d'où procedoit ceſte tempeſte, ny
par qui ces cailloux pouuoiét eſtre iettés. I'ay
coniecturé à par moy, que c'eſtoient les bien-
heureux anges, leſquels à noſtre faueur com-
battoiét la querelle de Dieu, choſe qui à mer-
ueilleuſement encouragé les Chreſtiens, &

asseuré en la saincte foy, cognoissás par là que les Dieux du Iappon n'estoient assez puissans pour trouuer d'autres seruiteurs, ny pour defendre ceux qu'ils auoient desia eus, & par ainsi vindrent a recognoistre & confesser que c'estoient inuentions de Sathan. Soudainement apres les Chrestiés dresserent vne croix deux iets de pierre loin de ce temple pour faire plus grand despit & creuecœur à ce diable. Ie ne puis plus escripre pour le present parce qu'il me fault aller de ce pas, ouyr les confessions des Chrestiens de Cauache, lesquels d'icy à trois iours se mettront en chemin pour aller à la guerre. Ie me recommande bien fort aux prieres & saincts sacrifices, de vostre Reuerence, De Meaco ce iour de sainct Matthieu 1573.

De vostre Reuerence, fils & seruiteur en noftre Seigneur,

Organtin.

COPIE D'VNE LETTRE DV PERE
Iehan François Stephanon, escripte de Meaco au
Pere visiteur au Moys d'Aoust
M. D. LXX.

'ESCRIVIS il y a vn an à vostre
reuerence, auec si grande consolation d'esprit, que nostre Seigneur
sçait,& pour autant si bien à l'oc-
casiõ que ie suis en pais si esloigné, ie n'ay peu
receuoir de vos lettres, ausquelles ie doiue
faire respõce, ie n'ay toutesfois voulu obmet-
tre de la preuenir, auec ce peu de parolles. Les
nouuelles des nostres sont, que par la grace
de Dieu nous sommes tous en bon estat. La
Chrestienté du Meaco prend vn accroissemẽt
admirable, de sorte, que despuis quatre moys
ença ont esté baptizez en la forteresse de San
gua mil & cinq cens personnes, si bien que
desia tous les suiets de ceste seigneurie ont
receu nostre religion. En trois autres forteres-
ses, 3520. lesquels auec certains autres, que
nous baptizasmes de diuers lieux, viennent
au nombre de sept mil ames, plaise à nostre
bon Dieu nous departir tant de son amour &
dilection, qu'il est necessaire pour vn affaire
de si grãd cõsequence, & que le besoin de ce
poure peuple recherche, nayant esgard à mes

imperfections,& defectuofitez, lefquelles ne
fermants la porte de la diuine mifericorde, ie
vous peux dire d'affeuráce qu'vne aultre nous
en fera ouuerte pour recueillir des fruicts pre
cieux, & admirables: confideré qu'oultre les
fufdits nous en catechifons autres troys mille
pour les baptizer en temps,& lieu opor-
tun.

L'vng des principaux feigneurs de ceux de
Nabunangua alant faire la reuetie d'vne for-
tereffe d'vng Baron, qui luy eftoit vaffal, ouyt
raconter les grands feftes,& folennités, que
nous faifions ez baptefmes des Chreftiens,
ainfin il luy print volonté de les veoir, & luy
agreerent de forte, qu'il dict apres, qu'on deuoit procurer par toutes voyes, & promou-
uoir l'eftendue,& amplification de la Chreftienté, & foudain fift vn edict figné de fa
propre main,par lequel il enioignoit à touts
ceux de la fecte des Icoxes, lefquels furpaf-
foyent le nombre de cinquáte mille,de fe faire Chreftiens,& cômandoit femblablement
àceux d'vne autre fecte de venir ouyr les predications,& le Catechifme. Le P. Organtin
l'alla regratier,lequel y fuft le tresbien venu,
&recueilly de ce Prince auec toute humanité,& courtoifie,& obtint d'iceluy,ce qu'il defiroit,

firoit, fçauoir eft, que tous les habitans de fon
Royaume receuffent la foy, & religion Chré-
ftienne : & confideré, difoit il par apres, que
rien ne manque de ma part, ie vous fupplie,
que de voftre cofté vous faffiez fi bien, que ce
noftre commun defir reuffiffe le pluftoft qu'il
nous fera poffible, alleguant pour raifon de
fes edicts, & ordõnances qu'il eftoit conuaincu par la force des arguments, qu'on amenoit
en ieu pour perfuader, & confirmer noftre
treffainte foy : qu'il entendoit tresbien, que la
caufe de fon indifpofition ne procedoit d'ailleurs, que de fes enormes pechez, lefquels noftre loy detefte, & commande de fuyr, & qu'il
fe feroit volontiers Chreftien, n'eftoit qu'il
treuuoit noftre loy trefafpre, difficile, & mal-
ayfee à garder. Eftant vng iour ce mefme
Sieur auecques Nabunangua y furuindrét autres Seigneurs d'vne fecte furnommee des
Focoxes, en intention de remonftrer & perfuader à Nabunangua, que pour plufieurs
raifons les noftres debuoient eftre chaffes, &
mis hors de Meaco. Alors Nabunangua pria
ce Seigneur duquel maintenant nous parliõs,
luy vouloir declairer quelle opinion il auoit
des noftres. Lequel luy fit refponfe, qu'il n'a-
uoit pas telle cognoiffance de noftre loy, qu'il

F

en peut affeoir iugement, que toutesfois il
fçauoit par experience, que quelques feigneurs Chreftiés fes vaffaux luy eftoient tref-
obeyffans,& que c'eftoit vn peuple,lequel fe-
ftudioit feulement de fuyr le vice,& fuyure la
vertu,& qu'il auoit le mefme fentiment, & o-
piniō des peres leurs enfeigneurs & maiftres.
Pour lors le Roy feit la mefme demāde à plufieurs autres feigneurs,lefquels firent femblable refponfe. Ce qu'entēdant Nabunangua
dit,qu'encore luy eftoit de mefme aduis,de façon, que iaçoit que toutesfois & quantes que
les peres le vifitoient, il les receut auecques
grande humanité, neantmoins du depuis il
leur monftra plus grāde amitié,& leur fit plus
grand honneur,que iamais il n'auoit fait. Car
l'eftans allez les Peres faluer le premier iour
de l'an, encores que la fale fut pleine de Seigneurs les plus remarquez du Royaume, qui
l'attēdoient pour luy donner les bōnes feftes,
neantmoins dés auffi toft ils furent par luy
conduicts iufques en la fale, & placez au
lieu le plus honorable. Et fi depuis il alla en fa
propre perfonne pour aduertir Nabunangua, que les noftres eftoient là venus pour
parler à fa maiefté, & furent fur le champ,
menez dans la chambre mefme, ou Nabu-

nangua dormoit. Ce que ne fist pas peu ef-
merueiller tous les affiftans, & tant qu'ils difoient, que Nabunangua eftoit venu a demy
Chreftien: il traicta & parlementa auec eux
auec grand priuauté & courtoifie. Ce q'il ne
fit à pas vn de tous fes Seigneurs. Car fortant
de fa fale auec fon accouftumee grauité dict
à vn Bonze vne feule parolle. Il nous à en telle eftime & reputation, qu'arraifonnât autre-
fois ces Seigneurs de Meaco, leur dict, que
nous fommes meilleurs que tous les Bonzes.
Il fe mit vn iour à difputer auec vn Chreftien,
lequel peu de iours au parauant s'eftoit conuerty, & print fi grand plaifir à cefte confe-
rence, qu'il la fift continuer du midy iufques
à la nuict. Et encores, que le Chreftien fuft
encore nouice, toutesfois noftre bon Dieu
luy departit fi grand lumiere, & entendement, qu'il refpondit affez pertinemment de
tout ce qu'on luy propofoit. N'ayant plus grãd
loifir, & commodité i'obmets de vous efcrire
plufieurs autres particularitez, par ce que hier
mefmes ie fis vn baptefme de trois cens perfonnes, & pour l'heure prefente ie fuis encores apres pour en dreffer & difpofer vn autre:
ne vous oubliez point pour l'amour de Dieu
de cefte Chreftienté, & Gentilité, & ne fail-

lez de nous enuoyer de bons & fideles ouuriers, à fin qu'ils nous aydent à refferrer vne
fi grande moiffon. De Sangua la veille du
glorieux Apoftre fainct Iacques, 1577.

Voftre indigne feruiteur Iean François.

COPIE D'VNE LETTRE DV
PERE FRANÇOIS CABRAL, AV R.P.
general de la Compagnie de Iefus,
enuoyee de Cochinoque, le
premier de Septem-
bre, 1577.

PARCE que l'an paffé i'aduertis voftre Paternité du grãd fruit, que noftre bon Dieu feftoit daigné faire
en ces quartiers du Iappon eftant
venu le nõbre de ceux, qui en diuers endroits
auoient receu le fainct baptefme iufques à
quarante mille: maintenãt ie la certioreray en
peu de paroles de tout ce qui s'eft paffé cefte
prefente annee mille cinq cens foixante &
dixfept, depuis le dernier departement des

nauires, me remettât au reste aux lettres particulieres, que nos peres vous escriuent des
lieux où ils sont residéce : & bien que le nombre des conuertis n'ayt esté si grand que ces
annees passees : toutesfois la côditiõ, & qualibre des persônes, qui sont entrées au pourpris
de l'Eglise, surmonte de beaucoup, par ce que
outre le fils du Roy de Bungo, duquel nous
vous auons escrit autre fois, a esté baptisé le
gendre du mesme Roy, fils adoptif d'vn des
principaux seigneurs, qui est frere de la Royne, & a en main le gouuernement de trois
royaumes. A l'occasion de la reduction de ce
ieune prince s'esmeut vne reuolte, qui ne fut
pas petite, & luy & tous ceux, qui estions à
Bũgo, encourumes vn dâger extreme de perdre la vie pour la querelle de Iesus Christ. Ce
qui feust aduenu sans point de faute, si la prouidence diuine n'eust fleschy le cœur du Roy
à compassion pour y interposer son authorité, qui a fait de sorte, que le ieune prince est
demeuré Chrestien, encores que son pere, &
la Royne sa tante ayt mis sansdessus dessoubs
tout le royaume pensans le destourner : l'as-
seure vostre paternité, que le Roy s'employa
en ce negoce en nostre faueur auec si grande
affection, que vostre Paternité n'en eust sçeu

F iij

faire d'auantage, & parce que le Pere Loys
Froez, qui pour lors estoit auec moy en ce tra
uail, vous mande bien au long toute ceste hi-
stoire, i'ay estimé qu'il n'estoit necessaire de
m'amuser à vous escrire toutes les particularitez qui y furét remarquees. Nous auons pa-
reillement en ce Royaume de Bungo faict
plusieurs autres Chrestiens. Au Royaume de
Ciccucen, qui est tout ioignant la cité de Fa-
cate, ou faict sa demeure ordinaire le Pere
Melchior Figaaredo, ont esté baptizez cinq
ou six cens personnes du Royaume de Figen,
A Faguamen mil & cinq cens, és Royaumes
de Cauachi & Cyunugum, qui est pres du
Meaco, ou reside le Pere Organtin auec vn
autre Pere, & nostre frere Laurens Iapponois
ont receu le Baptesme cinq mille ames, & par
faute & penurie de predicateurs, plusieurs
autres ont differé de se faire Chrestiens. En
quelques autres Royaumes plusieurs autres
ont esté reduits : de façon que le nombre de
ceux, qui ceste annee mil cinq cens soixante
& dixsept, ont esté gaignees à nostre saincte
foy, vient iusques à huit mil ames. Louáge en
soit à Dieu, duquel tout bien procede.

Certes la consolation & allegresse, que
nous receumes de l'illumination de tant de

poures aueuglez, fuft finguliere, mais il pleuft
à noftre Seigneur de la nous diminuer aucunement auec le meflâge de la douleur, que
nous a caufé la mort du bon Roy de Arima
dom André, lequel pour celebrer la fefte de
fainct André fon aduocat vinft à noftre Eglife, & auec fes fils, & les principaux feigneurs
de fon Royaume, tant Chreftiens que Gentils defpédit deux iours entiers en diuers exer
cices & efbafteméts, au bout defquels il commença a fe trouuer mal, à l'occafion d'vne a-
poftume qui luy fortift entre les coftes, laquel
le en moins de vingt iours l'enuoya, comme nous efperons a vne meilleure vie. Et
parce que tant fon fils aifné, que les autres feigneurs, qui eftoient Gentils ne nous-
voulurent oncques permettre de luy affifter
à l'heure de fa mort pour le fecourir en
vne extremité fi grande, ie ne puis vous en
particularizer d'auantage. Vne chofe fçay-
ie bien, qu'il eft mort Chreftien, & auec
la croix, qu'il portoit fur foy continuelle-
ment. Et combien que les Bonzes, qui y furent appellez s'effayaffent de le faire tourner
arriere, neantmoins il ne voulut entendre
leurs diabolicques perfuafions, aydé fans
point de doute de la faueur particuliere du

benoiſt ſainct Eſprit. Mais auſſi toſt qu'il eut
rendu ſon ame, ſon corps fut baillé és mains
des Bonzes, leſquels ſont en grãd nombre, &
ſeigneuriſent pour la plus part ce royaume,
par ce que preſque tous ſont fils, ou freres des
principaux ſeigneurs d'iceluy.   Le nouueau
Roy & les plus puiſſans gentilshommes, nous
dreſſerent incontinent vne furieuſe perſecu-
tion, faiſant mettre en pieces les croix, qui a-
uoient eſté dreſſees, commandans à ces nouueaux Chreſtiens ſoubs peine de la vie, de re-
prendre leurs premieres erres, & retourner
au paganiſme. Ce que la pl⁹ grãd part d'iceux
fiſt aſſez prõptemẽt, n'eſtans encores bien af-
fermis, ains cõme nouuelles plátes nõ gueres
bien cultiuees par faute de bons ouuriers. Cependant ſ'en treuua-il touſiours quelque bon
nombre de fermes, & conſtans, & reſolus de
pluſtoſt aller en exil, & de perdre meſme la
vie que d'abandonner la foy & religion, qu'ils
auoient profeſſee.   Et y en euſt quelques autres leſques ne pouuans ſurmonter la crainte
de la mort, nioient de bouche la ſainctefoy,
bien que interieurement ils ne la niaſſent, &
venoient de nuict vers nous pleurer & confeſſer leur laſcheté, & leur peu de courage. Or
iuge maintenant voſtre Paternité en quelles

angoiſſes & faſcheries moy, le pere Antoine
Lopés, & noſtre frere Loys nous retrouuaſ-
mes, & bien que d'heure à heure nous attendions la mort, comme ſouuét elle nous eſtoit
annoncee, toutesfois il ne pleut point à Dieu
de nous faire ſi ſinguliere grace, auec tout ce,
que nous ne laiſſiós d'encourager les laſches,
& inciter ceux, qui eſtoient tombez de ſe re-
leuer, & fuſmes en tel eſtat, iuſques à ce que
l'on nous bruſla l'Egliſe. Car lors fuſmes cón-
trains de nous retirer à Cochinogu, d'ou i'enuoyay mes compagnons à Amagouza, & ie
m'é allay à Bungo par lieux eſträges & diuers
& chemins biē differēs de ceux, qui m'eſtoiét
propoſez, qui fut vn trait de la prouidence diuine : car autrement ſ'eſtoit fait de ma vie,
d'autant que quelques miens ennemis m'a-
uoiét dreſſé embuſches au milieu du chemin
ordinaire. En eſchange de ceſte affliction noſtre bon Dieu nous conſola par le moyen de
l'heureuſe reduction de toute ceſte ville de
Maguza, ou preſque tous les habitás ont receu
le bapteſme, & ceux, qui ne l'ont voulu receuoir ont eſté chaſſez hors auecques perte de
tous leurs reuenus, par ce que combien, que
le ſeigneur de ceſte Iſle euſt eſté fait Chreſtiē
il y a ia ſix ans, neantmoins iuſques à mainte-

nant il y auoit touſiours eu grand nombre de
Gentils, retenás en leur entier leurs temples,
& Moſques. Y reſtoient ſemblablement pluſ-
ſieurs Bonzes auec leurs Idoles & reuenus,
leſquels empeſchoiét que le demeurant des
Gentils ne ſe conuertiſt, & que ceux qui e-
ſtoient deſia reduits ne cheminaſſent conformément à la loy Chreſtienne. Et de ce princi-
pallement eſtoit cauſe la femme du meſme
ſeigneur, qui eſtoit Payenne, & grande enne-
mie des Chreſtiens, & nous auoit touſiours
braſſé pluſieurs perſequutiõs, & faiĉt tourner
arriere pluſieurs nouueaux Chreſtiens eſtant
par trop adonnee à la loy du Iappon, & aſſez
bien entendue & verſee en icelle, comme encores aſſez docte és ſciences de ce pais. Mais
la miſericorde diuine diſpoſa ſi bien l'affaire
qu'elle eſtãt venue l'an paſſé pour viſiter ceſte
ville, ouit quaſi contre ſon gré noſtre prędica-
tion : laquelle oüie, alla touſiours deſpuis a-
douciſſant petit à petit l'aigreur & fierté de
ſon cœur, de façon qu'en fin elle ſe conuertit,
& auec elle quaſi tous ceux, qui eſtoient encores Gentils. Et ſachant bien, que le tout
deſpendoit de ceſte dame, ie mis grand peine
de la bien informer & inſtruire es choſes de
la foy, leſquelles, comme elle eſt femme de
grand dexterité, & entendement, elle à com-

prins auec grande facilité, & y a ia trois mois,
qu'à mon retour de Bungo elle me pria fort
inftamment de la vouloir ouir en confeffion,
toutesfois parce qu'il eftoit neceffaire, que
premieremét elle euft cognoiffance des chofes appartenátes à ce Sacremét, ie ne le voul°
faire, ains luy enuoyay vn de nos freres de nation Iapponois, afin qu'il la prefchaft deux ou
trois iours fur le fuiet de la confeffion, & fatif-
faction. Ce qu'eftant faict luy fuft fignifié, que
pour fe confeffer & receuoir la grace, & fe
pouuoir fauuer, eftoit neceffaire qu'elle fift
deux chofes, l'vne eftoit qu'elle fift reftitution
de toutes les vfures, que cependant qu'elle e-
ftoit Gétille elle auoit receuës de fes vaffaux,
eftant chofe ordinaire à ces feigneurs Iapponois, donner à leurs fuiets cent pour en receuoir cent foixante au temps de la cueillete, &
tant s'en fault, qu'ils tiennét cecy à peché, que
mefmes ils le font, & pratiquent, comme vne
trefbonne œuure. L'autre chofe eftoit de rendre à leurs maris toutes les femmes qu'elle tenoit efclaues, eftant la couftume du Iappon,
que fi quelque femme a quelque caftille &
differét auec fon mary, & s'enfuyát de la maifon d'iceluy a recours vers le palais du ROY, ou
feigneur, foudain fans autre forme de droit
elle demeure efclaue, & de ces poures, &

miſerables elle tenoit grand nombre. Et bien
que ces deux choſes ſoient icy nouuelles &
beaucoup difficiles à eſtre executees en ce
pays du Iappon, voyant toutesfois qu'elle ne
ſe pouuoit confeſſer, ſi au prealable ces deux
empeſchemés n'eſtoient oſtez, elle ſe reſolut
de le faire, & par ainſi vint à ſe confeſſer, & en
peu de temps demeura ſi bien inſtruicte, &
tant affectionnee és choſes appartenantes à
noſtre ſaincte foy, quelle ſollicita ſon mary à
ne conſentir, qu'il fuſt permis aux Gentils de
faire plus longue demeure aux pays de ſon o-
beyſſance, & de faire entendre aux Bonzes,
qu'ils euſſent à ſe faire Chreſtiens, ou à quiter
tous leurs reuenus, leſquels eſtoiét fort grans,
par ainſi qui il viendroit a retrencher tout ce
qui pourroit retarder le progrez de la foy, &
ſoudain enuoya prendre tous leurs idoles, &
liures & fit tout porter à l'Egliſe. Quelques
Bonzes ſen allerent ne ſe ſoucians de laiſſer
leurs monaſteres, & reuenus, mais pluſieurs
autres ſe firent Chreſtiens donnans libremét
leurs idoles & liures, & ſont maintenant aſſi-
dus à ouyr les predications de noſtre frere
Iean Iapponois, & viennent deux fois le iour
à ceſte Egliſe, qui eſt la plus gráde mortifica-
tion, qui leur ſçeuſt aduenir. Car ce ſont gens

superbes & hautains, & tels qu'ils se reputoiét
pour dieux de la terre, & maintenant sont en-
seignez d'vn ieune hôme de 20. ans ou enuiron, quoy que par my eux il en y ayt quelques
vns de soixante, & outre ce d'vn maintien, &
presence venerable, de façõ que tous les subiects de ce seigneur sont par la grace de Dieu
desia Chrestiens sans aucun destourbier des
Bonzes, ny des idoles, ny d'autre chose gen-
tilesque. Ce que doit estre d'autant plus estimé, que ce pays est de grand' estendue, & bien
fort peuplé. Nous auons desia dressé enuiron
trente Eglises, & serons contrains d'en dres-
ser autres quarante. Ce qui manque pour
maintenant en toute ceste contree : & gene-
ralement en tout le Iappon, sont ouuriers &
personnes, qui sçachent la langue du pays.
A quoy comme i'espere, sera pourueu assez
aysément, s'il plaist à vostre Parternité com-
mander, qu'on erige vn college, où l'on puisse
adextrer, & façonner les subiects necessaires.
Le pere Alexandre Valignan nostre visiteur
nous a enuoyé ceste annee mil cinq cens soixante & dixsept, quatorze de nos freres du
college de Goa, à fin que apres qu'on auroit
pourueuà certaines necessitez nous peussions
donner commencement à ceste saincte &

louable entreprinſe, de laquelle i'eſpere, qu'õ
doiue recueillir grand fruict, d'autant que e-
ſtans eſleuez en ce ſeminaire quelques Iapponois, qui puiſſent preſcher, ne ſera choſe
difficile de reduire en peu de tẽps tout le Iappon entieremẽt. Nous auons deliberé de donner commencement à ce college au royaume
de Bungo, par ce que c'eſt la prouince la plus
payſible de tout le Iappon, & où il y a plus
grand nõbre de Chreſtiés & où le Roy nous
eſt plus fauorable, & meſmement en c'eſt affaire. Car ayant entendu courir le bruit, que
nous voulions dreſſer vng ſemblable college
au Iappon, m'enuoya ſoudainement ſignifier,
qu'il deſiroit que ce feuſt en l'vn des ſes Royaumes, & que par ainſi conſideraſſe quel
lieu ſeroit plus à propos, & ſubdain luy en
donnaſſe aduertiſſement auecques promeſ-
ſe, que riẽ ne me ſeroit deſnié, ores que ie de-
mendaſſe vne ville toute entiere de quelque
Seigneur qu'elle peult eſtre. Et ſuyuant cecy,
ayant veu & conſideré quelques lieux, où le
Roy fait ſa demeure ordinaire, i'en choiſis vn
voyſin de la mer ioignant le palais du Roy en
fort belle ſituatiõ, & ayãt quelques fontaines
au dedãs: lequel nous fut ſur le champ ottroié
de ſa maieſté ayant donné recompéſe aux po-
ſceſſeurs de quelques pieces de terre, qui e-

ſtoient en ceſt enclos, de façon, qu'il ne reſte
que d'encommencer l'œuure, ce que comme
i'eſpere, nous ferons au premier iour.

Iaçoit que nous ayons eſté ſollicitez, & requis de pluſieurs royaumes de leur aller preſcher la loy de Dieu, toutesfois il ne nous a eſté
poſſible à cauſé du petit nōbre, que nous ſom-
mes. Et quand bien nous ſerions autres cent
nous ny ſçaurions aduenir: ce nonobſtant ap-
puiez de ceux, qui no⁹ ont eſté enuoyez, & de
l'eſperance que nous auons d'en receuoir d'a-
uantage, nous allons commencer vne maiſon
& reſidence au royaume de Saxuma, & ceux,
qui y iront les premiers ſont le pere Baltazar
Lopés, lequel vint des Indes auecques moy il
y a ia neuf ans, & noſtre frere Iean Alexādre
anciē en ce pays, & predicateur en lāgue Iapponoiſe. Nous eſperons, que noſtre Dieu ſe
ſeruira de leur trauail & induſtrie pour le ſa-
lut & conuerſiō de pluſieurs ames. Outre plus
vn autre pere, & l'vn de nos freres, qui ſcait
fort bien la langue ſacheminent au royaume
de Iquicuſen, & vn autre à Meaco, pour ſoula-
ger & ayder ceux qui y ſont deſia. Vn autre
ſ'en va és quartiers de Ferando pour ſecourir
le pere Sebaſtiē Louzalez, qui eſt là tout ſeul.
Deux autres ſareſteront és marchez d'Omu-
ra, où il ſeroit beſoin, qu'il y en euſt au moins

trente pour bien affaifonner, & cultiuer cefte
Chreftienté. Les autres qui reftent fe tranf-
portent à Bungo demeurans toutes les autres
prouinces defpourueuës par faute & man-
quement d'ouuriers. Plaife à la diuine bonté,
nous defpartir comme ie me confie quelle
fera plufieurs & fuffifans moyens pour entre-
tenir & fuftenter en ces quartiers, plufieurs de
nos fuppofts, auecques lefquels non feulement nous entretenions ce que defia eft ad-
uancé, ains encores iettions par tout le Iappon le grain, & la feméce du fainct Euangile.
Ie pourrois efcrire à voftre Paternité plufieurs autres chofes, voire mefmes quelques
vnes, qui furpaffent la nature, comme noftre
feigneur de iour à autre fe daigne les mon-
ftrer en ces pauures pays, lefquelles ie laiffe à
part tant par ce que vous les pourrez entendre des autres lettres, qui vous font enuoyees,
tant auffi, par ce que mes occupations bien
vrgéates, & ordinaires ne me permettent faire plus long recit. Pour conclufion ie fuppli-
ray treshumblement, & affectioneement
voftre Paternité, qu'il luy plaife pour l'amour
de noftre Seigneur, vouloir fe fouuenir de
l'Ifle du Iappon, fe perfuadant, que c'eft vne
des plus belles, & hautes entreprinfes, qui
foient

foient en mains de noftre Compagnie. Noftre bon Dieu vous maintienne & conferue
en fanté, & force corporelle, & fpirituelle, à
fin que plus ayféement vous puiffiez mieux
confoler, & conduire vos enfans par les voyes
& fentiers de fes diuins commandemens.

De voftre Paternité fils & feruiteur indigne en
noftre feigneur François Cabral.

Fautes commifes en l'impreffion.

page 2. dix huiĉt, vingt huiĉt, ligne 17. feize ou
feize ans ou, f. 20. pag. 2. l. 14. nous ne voulfiffiós, nous
voulfiffions, l. 22. Cicaçata, Cicatora, f. 29. p. 3. l. 8. Cicacata, Cicatora, l. 26. mere au fils, mere au Prince
fon fils, f. 30. p. 1. l. 1 Fennaftre, Ieunaftre, p. 2. l. 2. Cicacata, Cicatora.

G

L'APPROBATION DES
DOCTEVRS EN THEOLOGIE.

NOvs Docteurs soub-signez auons
veu, & approuué les precedentes lettres
du Iappon, enuoyees par les prestres de la
Compaignie de Iesus, vacans à la conuersion
des infideles audit lieu : Et les auons iugees
dignes d'estre fidelemēt tournees en François,
& mises en lumiere pour la consolation, & edi
fication de chasque bon Chrestien. A Paris ce
dixneufieme d'Auril 1580.

GIL. GENEBRARD.

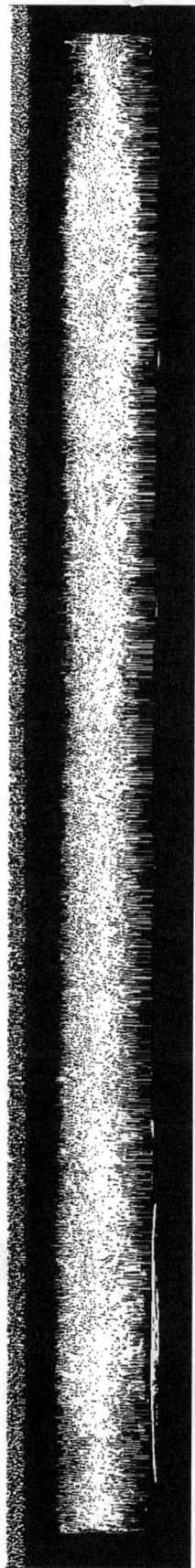

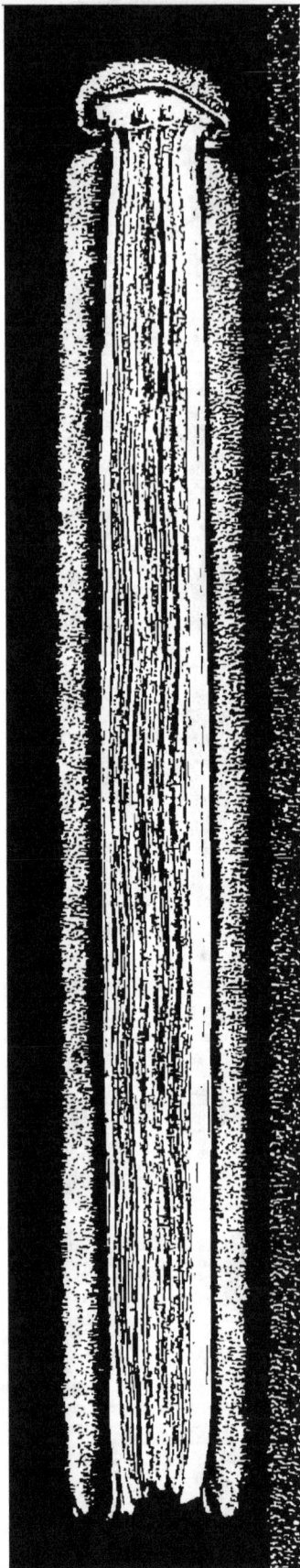

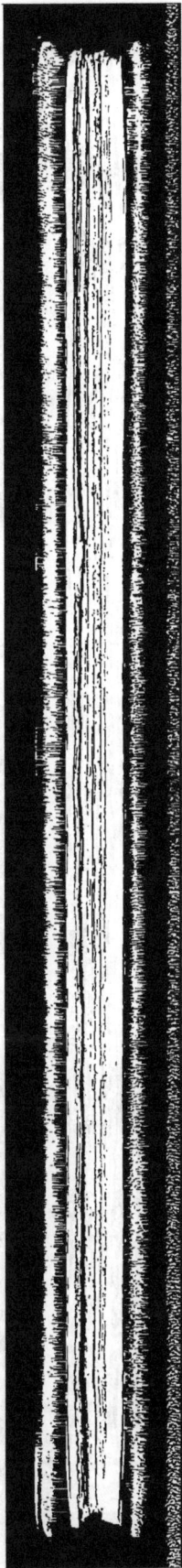

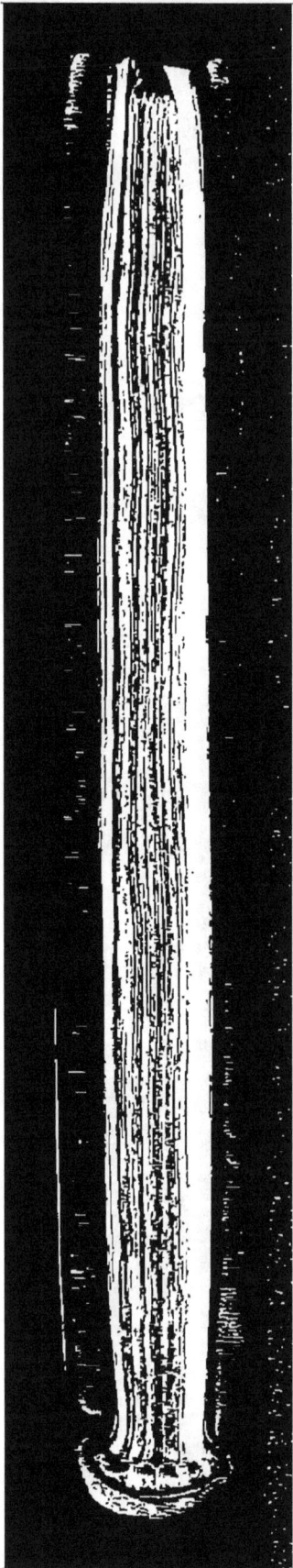